Ida Lüthold-Minder

Freut euch mit mir

Ida Lüthold-Minder

Freut euch mit mir

Hans Amstalden 1921 - 1958
Ein Priester nach dem Herzen Gottes

MIRIAM-VERLAG

Mit kirchlicher Druckerlaubnis:
Freiburg/Schweiz, 1968

Titelbild:
Porträtaufnahme von Hans Amstalden

Bild auf der Rückseite des Buches:
Sarnersee mit Blick auf die Berner Alpen
Foto Carl Abächerli, Sarnen

Die Bilder im Innern des Buches wurden größtenteils von
Foto Carl Abächerli, Sarnen, zur Verfügung gestellt.

3. Auflage, Mai 1987

Gesamtherstellung:
Miriam - Verlag · D-7893 Jestetten

ISBN 3-87449-174-9

INHALT

Jan van Ruysbroeck

(1293 - 1381), der flämische Gottesfreund, den die Zeitgenossen den »Wunderbaren« nannten, hat Gedanken über das Priestertum geäußert, die so recht als Motto zu diesem Buche passen:

Gute Priester sind heilige Gefäße: sie sind erfüllt mit himmlischen Gaben über die Maßen; denn sie sind rein an Seele und Leib, nüchtern, mäßig in allen Dingen, die sie tun; sie sind wohlbereitet auf den Dienst unseres Herrn; sie tragen Christus abgebildet in ihrem Herzen.

Jeder Priester, der sich selbst verleugnet und sich Gott geopfert hat, und der die Geburt unseres Herrn, sein Leben und Leiden andächtig im Herzen trägt, der ist gottgeheiligt, mit Christus vereinigt, und berufen und erwählt wie Aaron. Denn er ist mit Christus in Gott gestorben und auferstanden, und darum lebt er in Gott und ist aufs neue geboren aus dem Geiste Gottes.

Christus gibt dem Priester Seine Gewalt, auf daß er die Sünden der Welt mit Ihm trage und für sie bitte.

Und das Opfer, wodurch er selbst Gott geheiligt ist, legt Er ihm in die Hand. Das aber bedeutet, daß er immer fühle und verstehe, daß er selbst nichts ist, aber daß er ein ewiger Priester Gottes ist.

VORWORT ZUR 1. AUFLAGE

Wer Hans Amstalden näher kennenlernte, wer Zeuge seines Wirkens und vor allem seines Leidens und seiner letzten Lebensstunden sein durfte, konnte sich des Eindruckes nicht erwehren, daß der Spiritual des Kreuzspitals in Chur, wo er in den letzten zwölf Jahren seines kurzen Lebens wirkte, ein heiligmäßiger Priester war. Hans war ein sehr tiefer, sehr aufgeschlossener, aber kein problematischer Mensch. Die Tatsache, daß Kardinal Newmans Bücher vor jeder Predigt, die er studierte, konsultiert wurden, daß er an diesem großen Konvertiten sich orientierte und schulte und immer tiefer in dessen Leben und Lehre einzudringen bestrebt war, spricht für Eigenart, Tiefe und Aufgeschlossenheit dieses jungen Priesters, dessen Vorbild für unsere Zeit besonders aktuell ist.

Das Lebensbild, das die Autorin entwirft, zeigt in historischer Treue Werden, Wirken und Persönlichkeit, wie sie wirklich waren.

So froh und frohmachend, so selbst Fernstehende gewinnend und für den Letzten sich einsetzend, so unauffällig, aber echt fromm, so mannhaft tief und ganz Mensch und ganz Priester, ganz so war Hans Amstalden, wie das Buch ihn schildert.

Das Buch bietet kein totes Gemälde eines Verstorbenen, das man ehrfürchtig, sich langweilend, betrachten könnte. In lebendiger Sprache schildert es das Leben eines Lebenden, der sich bewußt war, daß sein Sterben nur das Eingehen in das ewige Leben, und daß sein Priesterwirken mit dem Tode nicht abgeschlossen ist, sondern erst richtig beginnt. Darum freut man sich, ihm durch das Buch begegnen zu dürfen.

Flüeli-Ranft, 21. Januar 1968

Prof. Dr. Werner Durrer

I. TEIL

OBWALDNER HEIMAT UND JUGEND

Das Vaterhaus im »Wyer« bei Sarnen

Als Vater Christian Amstalden ein junger Mann war, lag der »Wyer« noch verträumt in der Nähe des Sarnersees. Wohl pustete das Brünigbähnchen einigemal des Tages vorüber, aber das war man sich gewöhnt, und es machte Kurzweil. Auch die Straße führte am Rande der Wiesen vorbei, und da hörte man hin und wieder das Tuten eines Autos und guckte dem Vehikel nach. Vater Amstalden mußte aber in den letzten Jahren mit Wehmut zuschauen, wie der »Koloß Verkehr« sein liebes Heimetli überrumpelte und seine Matten schmälerte. Das war nicht leicht für den Bauersmann, der mit dem Boden verbunden war und ihm abgetrotzt hatte, was nur möglich war, der jeden seiner Bäume kannte und nun zusehen mußte, wie einer nach dem andern fiel. Heute steht das Haus nicht mehr, es mußte des Straßenbaues wegen abgebrochen werden. Die guten Eltern hat man auf den Sarner Friedhof getragen, die Mutter im Winter 1964, den Vater im Maienblust 1965. Der »Wyer« hat seit 1914 ihre dreizehn Kinder ernährt; fünfzehn wären es im ganzen gewesen, aber zwei von ihnen vertauschten das irdische Vaterhaus mit dem himmlischen.

Bruder Klaus war immer der weise Beschützer und sorgende Vater der Familie, und sein Todestag am 21. März wurde stets froh und fromm gefeiert.

Anno 1921 aber war das Fest des heiligen Bruder Klaus für die Familie im »Wyer« ein Fest besonderer Art.

In der Morgenfrühe, als kaum die Sterne verblaßten und von den Türmen da und dort die Betglocken läuteten, als fromme Wallfahrer am »Wyer« vorbei nach Sachseln wanderten, um dort, bevor die Tageshelle hereinbrach, schon in die Beichtstühle zu knien, als die erste Amsel mit ihrem Gesang ihre Schwestern aufweckte, schenkte Mutter Marie Amstalden-Burch ihrem zehnten Kinde das Leben. Und als die Sonne aufging, begrüßten ihre Strahlen am ersten Frühlingstag ein winziges Kinderköpflein in der alten Wiege. ,,Bruder Klaus, ich danke dir'', flüsterte die Mutter, und der Vater schaute auf das kleine Menschenkind und sagte: ,,Jetzt haben wir einen lieben Hansli.'' Still, mit gefalteten Händen, lag die Mutter da, als ob sie tief im Innersten mit der Seele ihres Jüngsten Gott anbetete.

,,Das zehnte Kind am Bruder-Klausen-Fest! Klaus von Flües und Mutter Dorothes zehntes Kind wurde Priester!'' Kaum getraute sie sich, ihren heißen Wunsch einzugestehen oder zu Ende zu denken. Und doch war ihr so wohl dabei, als ob jemand in ihr antworten würde mit einer Sprache, die nicht von Menschen stammt.

Als der Tag voll erwacht war, regte es sich im Hause. Die Kinder kamen eins ums andere zum Brunnen, lachten und neckten sich. Der Vater rief alle herbei.

,,Kinder, Bruder Klaus hat uns einen Hansli geschenkt.'' Und beinahe hätte es ein Freudengeschrei gegeben. Aber der Vater mahnte zur Ruhe. Fast wie an Weihnachten das Christkind kam ihnen das Brüderlein vor, als sie leise in die Kammer treten durften, um es anzuschauen.

ner Jesuskind" und horchte andächtig zu, wenn die Klosterfrauen sangen und die Ministranten schellten. Das dünkte ihn herrlich. Von nun an, und erst recht, als er Schüler wurde, gab's für ihn nur noch ein Spiel, das ihn beglückte: „Pfarrerlis" machen. Die ganze Zeit wollte er seine Geschwister als Meßdiener und Publikum um sich haben. Nicht immer hatten sie Geduld mit dem kleinen „Pfarrer" und seinen Predigten. Oft lachten die Buben und riefen: „O-o-o, Herr Professor!" Der „Herr Professor" fing sogar an, Meßkleider zurechtzuschneiden und zu nähen; die Mutter hatte ja immer etwa einen alten Rock in einer Truhe, oder ein Hemd vom Vater, das man nicht mehr flickte. Ja, am schönsten war's dann, wenn sie selber einmal Zeit fand, sich hinzusetzen und die Predigt ihres kleinen „Pfarrers" anzuhören. Sie lachte ihn nie aus. Ihre Gedanken formten sich zu Gebet, wenn sie das ernste, bleiche Gesicht ihres Hansli beobachtete. Sie war sich bewußt, daß er irgendwie von innen her anders war als alle ihre Kinder; aber das behielt sie still für sich und sagte es nur dem *Herrn*.

Hansli ging gern zur Schule, aber am besten gefiel's ihm halt doch im »Wyer«.

Die kleine Erstklaß-Schwester, Clarissa Zehnder, liebte er zwar, weil sie ihn gut verstand. Als er zur Sr. Leonardina Reinhard kam, erschrak er beinahe ob ihrer lauten Stimme. Aber er merkte bald, daß sie's gut meinte. Was sonst Buben in keiner Schule tun mußten, wurde hier durchgeführt. Sr. Leonardina lehrte sie stricken. Wahrhaft, da saßen sie und hantierten mit dicker Wolle und groben Nadeln. „Es ist gescheiter, als auf der Straße herumlungern", meinte die resolute Lehrerin. Hansli gefiel das. Er fabrizierte Puppenkleider für die Schwestern.

Die Mutter hatte immer alte Wolle zur Verfügung. So war er nun gleich in einigen Berufen tätig: er war Pfarrer, Schneider, Stricker.

Die schönste Zeit in der Primarschule war jene der Vorbereitung auf die erste Beicht und Kommunion. Als Pfarrer Lussi zum ersten Mal das Schulzimmer betrat, staunten ihn Hanslis Augen immerzu an. Er behielt's im Herzen, was er dachte, und vertraute es abends still der Mutter an. „Mutter, ich will nicht Kapuziner werden, aber Pfarrer." Mit strahlenden Augen kam Hansli jedesmal aus dem Unterricht nach Hause. Pfarrer Lussi verstand es aber auch gut, die Kinder würdig vorzubereiten. Oft sang Hansli seine Freude laut heraus in Jodlern und Liedern oder saß still vor seinem Altärchen. Singen konnte er so hell und klar.

Eines Tages rannte er atemlos die Stiege hinauf. „Mutter, Mutter!" Was wohl los sei, dachte die gute Mutter und trat ihm unter der Küchentüre entgegen. —

„Mutter, ich werde Sängerbub!" jubelte er. „Sängerbub?" Sie schlug vor Staunen die Hände zusammen.

„Ja, Mutter. Wir mußten dem Musikdirektor vorsingen. Ich habe ganz laut gesungen, und er sagte: ‚Hans, dich kann man brauchen.'"

Von nun an sang Hansli mit seiner glockenreinen Stimme jeden Tag mit einigen andern das Choralamt in der Pfarrkirche Sarnen. Nicht nur in der Pfarrkirche ertönte das „Kyrie eleison", daheim in Kammern und Gängen, auf der Stiege und vor dem Hause hörte man den Sängerknaben, mochten die andern reklamieren oder nicht. Die Brüder jodelten dann laut dazwischen; so gab's oft ein ganz merkwürdiges Konzert im »Wyer«, bis des Vaters ernste Stimme wieder einmal Ruhe gebot.

Wenn der Föhn den Schnee in den Bergen schmilzt und das Obwaldnerland über Nacht in einen Frühlingsgarten sich verwandelt, wenn die Männer oft länger im Wirtshaus sitzen und lauter reden, wenn die Musikanten ihre Märsche proben, dann weiß man, daß die Landsgemeinde naht. Im »Wyer« war der letzte Aprilsonntag jedes Jahr ein besonderes Fest. Vater Amstalden war schon jahrelang, als Nachfolger seines ältesten Bruders, ,,Hälmibläser''. Um den Stolz zu verstehen, der den ,,Hälmibläser'' und seine Familie erfüllt, muß man schon Innerschweizer sein. Es war, als ob Jahrhunderte aufwachten und alte Generationen sich unsichtbar mitfreuten, wenn Vater Amstalden, der urchige Mann mit dem prächtigen Bart, in die rotweiße Montur schlüpfte, die im Rathaus als ehrwürdiges Erbstück aufbewahrt wurde und heute noch wird.

Dann, wenn er die rotweiße Uniform trug, war es seine Pflicht, den regierenden Landammann abzuholen und in dessen Haus das Harsthorn zu empfangen, um es am Abend dem neuen Landammann in sein Haus zu bringen.

Den Aufmarsch zum Landenberg durfte keiner verpassen, um Regierung und Amtsleute, Weibel, Hälmibläser, Fahnenträger, Musikanten und die vielen wackeren Männer zu sehen. Hanslis Herz klopfte rascher vor Freude, wenn er den Vater so feierlich daherkommen sah, wie er das alte Harsthorn trug, dieses silberbeschlagene Horn, das in alten Zeiten zu manch schwerem Kampfe gerufen hatte. Wie flinke Wiesel schlüpften die Kinder durch die

Reihen der Großen. Und erst recht auf dem Landenberg suchten sie so nahe als möglich an die Tribüne heranzukommen.

Der Frühling 1930 brachte für Hansli das schönste Fest, den Tag der ersten heiligen Kommunion. Der fröhliche Bub ging stiller und in sich gekehrter seinen Weg. Es fiel wohl der Mutter am meisten auf, daß er plötzlich vom Spielen wegrannte und irgendwo für kurze Zeit verschwand. Sie mußte an Bruder Klaus denken, der, als er Knabe war, hin und wieder zum Gebet niederkniete, während die Kameraden scherzten und lachten. Wenn sie abends nochmals durchs stille Haus ging, von Bett zu Bett, blieb sie länger bei Hansli stehen, betrachtete das kindlich reine Gesicht, betete in der Seele dieses Kindes den dreifaltigen Gott an und empfahl es dem Schutze seines Engels.

Er war von zarter Gesundheit, der frohe Bub, allzu zart. Wie oft zwang ihn das Fieber nieder, wie oft konnte er nicht zur Schule gehen! Wenn die Mutter sich darüber sorgte, meinte der Vater: „Das wächst er schon aus und wird stark wie die andern."

In der Fasten- und Osterzeit 1930 wurden die Erstkommunikanten durch den gebildeten wie frommen Pfarrer Albert Lussi sorgfältig auf den Weißen Sonntag vorbereitet.

So kam der herrliche Tag, an dem Hansli zum ersten Mal seinen Herrn und Gott im heiligsten Sakrament empfangen durfte. Strahlend ging er auf, dieser Weiße Sonntag, wie er nur strahlen kann im kleinen Land von Bergen umkränzt, wo im Tal die Glocken des einen Dorfes jene des andern grüßen, im blühenden Obwalden, das Bruder Klaus geheiligt durch sein wunderbares Leben

16

und gesegnet mit seinem Vatersegen. Es war, als stünde er oben auf dem Flüeli-Felsen, wo die weiße Kapelle im Sonnenschein glänzte, und schaute hinunter über sein Tal und schaute hinein in die Herzen der Kinder, die schon in ihrem unschuldigen Alter das herrlichste Geheimnis erleben durften, das Geheimnis der himmlischen Speise, aus dem er gelebt hatte zwanzig Jahre ohne irdische Nahrung! Fiel sein Blick nicht auf den »Wyer«-Hansli, der an seinem Fest vor neun Jahren in diese Welt eintrat? Machte er nicht ein großes Kreuz über den Knaben, wie einst über seinen Kläusli? Mit gefalteten Händen, im schönen neuen Anzug, das weiße Sträußchen an der Brust, ging Hansli in der Reihe der andern Erstkommunikanten daher und lauschte dem Klang der Glocken, dem Spiel der Musikanten und war so froh, so froh, daß er ganz innen im Herzen jubelte: „Lieber Heiland, wie schön ist es, wie gut bist du!" Der Priester hatte ihnen ja gesagt, daß sie mit dem Heiland reden können wie mit Vater und Mutter.

Den Weg säumten viele Leute, große und kleine, und freuten sich mit den Kindern. Und manch runzeliges Gesicht lächelte froh. Vater und Mutter Amstalden standen nahe dem Kirchenportal, ihre Kinder vor ihnen. Das jüngste Kind, Marthäli, vor zwei Jahren auch am Bruder-Klausen-Fest geboren, wurde von den größeren Geschwistern getragen.

Als Hansli von der Kommunionbank an seinen Platz zurückkam, wußte er tief im Herzen, daß er Priester werden dürfe, und er war so glücklich, daß ihm das kleine Herz fest klopfte. Und auch die Mutter empfand eine so tiefe Freude und Gewißheit, die sie durch keine Worte hätte ausdrücken können. Nur, daß in ihr etwas erzitterte, als ob jemand, wie einst Simeon zur jungen Mutter Maria, auch zu ihr sagte: ,,Dein Herz wird ein Schwert durchdringen.''

Bald nach dem Weißen Sonntag erwartete unsern Hansli noch ein ganz besondere Freude. In den ersten Maitagen pilgern die Obwaldner jeweils zur Gnadenmutter von Einsiedeln. Von allen Gemeinden kommen die Mütter mit ihren Kommunionkindern, um sie, nach altem Brauch, der Mutter Gottes zu bringen. Das war eine Aufregung an jenem Vormittag. Hansli konnte mit dem besten Willen nicht aufpassen in der Schule, und es dünkte ihn eine Ewigkeit, bis die Schwester endlich, und zwar früher als sonst, das Zeichen zum Schulschluß gab. Nun hatte er keine Viertelstunde für den Heimweg und kam atemlos nach Hause.

,,Nur nicht so aufgeregt'', mahnte die Mutter, ,,wir haben Zeit genug.''

Das Mittagessen war schon bereit, die Großen sorgten für die Kleinen, und bald standen Mutter und Hansli im Sonntagsgewand reisefertig unter der Türe. Und nun ging's zum Bahnhof. So weit war Hansli noch nie gereist.

Endlich pustete der Zug heran, und fort ging's durchs frühlingshafte Obwaldnerland gegen Luzern und dann noch weiter und weiter. Hansli mußte schauen und staunen, auch als die Einsiedeln-Wallfahrer auf dem Hinweg laut den Rosenkranz beteten. Er mußte doch die schöne Welt sehen, und es kam ihm in den Sinn, daß der Herr Pfarrer die Kinder ermahnt hatte, dem lieben Gott für alles Schöne, das sie erleben dürfen, immer zu danken. Herrlich läuteten die Glocken, als die Pilger auf dem Klosterplatz empfangen wurden. Wie viele Glocken es wohl sein mochten?, dachte Hansli, das tönte ja, wie wenn die Sarner und Alpnacher und die Kernser alle miteinander läuteten. Und nun kam der Bub aus dem Staunen nicht mehr heraus, als sie durchs Portal in die große Stiftskirche traten und vor seinen Augen die Marmorkapelle stand, wo in goldenen Wolken die Gnadenmutter mit dem Kindlein auf die Pilger niederschaute. Daß die Madonna schwarz war, störte ihn nicht. Die Mutter hatte ihm erzählt, daß während der langen Zeit von tausend Jahren eine Riesenmenge Kerzen vor dem Gnadenbild gebrannt und seine Farbe verdunkelt hätten. Als die Pilger einzeln und in Gruppen da und dort knieten und beteten, stimmte jemand das Lied ,,Maria zu lieben" an. Jetzt war es vorbei mit Hanslis Schweigen. Laut und silberhell sang er mit, so daß manche sich verwunderten, was für eine junge Stimme da so töne:

,,Du bist ja die Mutter,
dein Kind will ich sein.
Im Leben und Sterben
dir einzig allein."

Daß dieses Leben nicht allzulange dauern würde und das Sterben ein früher Heimgang zum Himmel werden sollte, davon hatte der glückliche Bub noch keine Ahnung. Er bat die liebe Mutter Gottes ja immer nur, daß sie ihm helfe, Priester zu werden. Und dann war er ganz überzeugt, daß diese liebste, mächtigste und weiseste Mutter ihn erhöre.

Schwerer war die Antwort des Himmels an die Frau, die ihr Kind jetzt in besonderer Weise der allerseligsten Jungfrau, der Mutter des göttlichen Hohenpriesters, weihte. Auch sie glaubte fest, daß ihr Gebet erhört werde; aber das Schwert, das nur ein Mutterherz in seiner

Schärfe zu spüren vermag, wird ihre Seele durchbohren, das spürte sie heute schon, wenn auch der Trost des Heiligen Geistes gleichzeitig ihren Schmerz milderte. Wie staunte aber der Bub, als zum ,,Salve Regina" die schwarzen Kuttenmänner mit geneigtem Haupt, in feierlichem Schritt durch die Kirche zur Gnadenkapelle wandelten und nach ihnen eine Schar Studenten im weißen Chorrock. Jetzt knieten alle nieder vor der schwarzen Madonna, und einer stimmte den uralten Gesang des ,,Salve Regina" an, dann fielen alle andern ein. Wie wunderbar das fromme Lied im hohen Heiligtum widerhallte, als ob die Engel mitsingen würden! Hansli lauschte. Einmal guckte er zur Mutter auf. Aber sie hatte die Augen geschlossen, und ihr Gesicht sah so lieb und ernst aus, daß er sie nicht zu stören wagte.

Als sie aber die Kirche verlassen hatten, fragte er hunderterlei, so daß sie endlich sagte: ,,Komm, wir kaufen ein Büchlein, damit ich dir alles daraus vorlesen kann." Sie wußte ja selber nicht, die gute Mutter, was der Bub alles wissen wollte.

Die Einsiedeln-Wallfahrt strahlte wie ein leuchtendes Licht über dem ganzen Jahr, und als Hansli wieder einmal das Bett hüten mußte, verlangte er von der Mutter das Einsiedler Büchlein, schaute lange, lange die Bilder darin an und wußte nicht, daß er eine regelrechte Betrachtung machte.

Hansli war eigentlich die meiste Zeit froh und glücklich. Wenn es dunkelte und im »Wyer« die Arbeit getan war, wurde oft auch die Mandoline hervorgeholt, und dann sang und klang es in der Bauernstube. Der Vater saß schmunzelnd auf dem Kanapee, die Mutter flickte Socken und schaute immer wieder lächelnd über die

Brille auf ihre singende Schar. Auch ohne Luxus und Reichtum strahlten alle Zufriedenheit aus. Später, als aus dem Hansli ein Hans geworden war, konnte er an die frohe Kinderzeit dankbar zurückdenken, und als er manch bitterschwerem Menschenschicksal begegnete, kam es ihm immer intensiver zum Bewußtsein, welch große Gnade Gott seinen Kindern schenkt durch gute Eltern, die durch nichts in diesem Erdenleben ersetzt werden können.

Ehrwürdige Ahnen

An Sonntagen oder an langen Winterabenden wurden die Kinder nicht müde mit Betteln:

„Vater, erzähle uns von den Auswanderern!"

Die Auswanderer der früheren Zeiten waren jene Obwaldner, die in der Heimat zu wenig Arbeit und Verdienst fanden, ihr Bündel packten und die weite, weite Reise übers Wasser machten, um in Südamerika eine neue Heimat zu suchen.

Viel Mut brauchte es für die Älteren, Abenteuerlust erfüllte die Jungen; aber manche Träne kostete das neue Leben, und viele starben beinahe vor Heimweh. Von solchen „Amerikanern" wußte der Vater viel zu erzählen, waren doch einstige Jugendfreunde, Nachbarn und Verwandte, sogar viele von Vater Amstaldens zahlreichen Geschwistern unter ihnen. Hansli konnte nicht genug zuhören, vor allem, wenn der Vater vom Großonkel, Kaplan Niklaus Amstalden, dem Auswanderer-Kaplan, erzählte.

„Ja, ja, Kinder, das war noch eine andere Zeit damals, als mein Onkel, euer Großonkel, seine Reise nach Brasilien antrat", begann der Vater. „Warum, Vater? Warum reiste er nach Brasilien?" Dann rückte der Vater zurecht, stemmte die Ellenbogen auf den Tisch, zündete seine Pfeife an, dachte etwas nach und erzählte:

„Viele unserer armen Landsleute waren früher gezwungen, Obwalden zu verlassen, um anderswo Arbeit zu suchen. Nach Amerika, hieß es damals. Sie fanden aber dort nicht immer das Glück, sondern sie mußten oft wie Sklaven arbeiten und hatten keine Priester und keine Schulen. So war es mit eurer Großtante, der Schwester des Auswanderer-Kaplans. Weil sie arm waren, ist sie mit ihrer Familie auf Anlaß der Behörde mit andern Familien aus Obwalden nach Brasilien ausgewandert. In der Nähe von Sao Paulo, vier bis fünf Stunden von einer Kirche entfernt, fanden sie Arbeit und blieben dort. Aber wie schwer war es für alle! Die Leute dort verstanden sie nicht, weil niemand Deutsch konnte. Kein Priester weit und breit! Damals gab es weder Eisenbahn noch Auto. Niemand konnte mehr beichten, die Kinder hatten keinen Unterricht. Nur was Vater und Mutter sie lehrten, wußten sie. Die Leute beteten miteinander, so gut sie konnten."

„Da wär' ich Priester geworden und zu ihnen gegangen", rief Hans dazwischen.

„Leicht gesagt", fuhr der Vater fort. „Auch bei uns waren die Leute arm und konnten ihre Kinder kaum durchbringen, geschweige denn studieren lassen. Euer Großonkel Niklaus, oben von der Schwendi, könnte da viel berichten. Er war ein fleißiger und gescheiter Bub, konnte aber nur kurze Zeit die Volksschule besuchen. Er wäre so gern Priester geworden. Aber woher die Batzen für die Studienkosten nehmen? Er wurde Schuster und ging zu den Bauern auf die „Stör". Als er achtzehn Jahre alt war, starben die Eltern. Jetzt konnte er es fast nicht mehr aushalten, so sehr sehnte er sich danach, Priester zu werden."

„Warum sagte er es nicht einem reichen Mann?" fragte Hansli.

„Er war schüchtern und still. Endlich konnte er den Wunsch nicht mehr für sich behalten und sagte es dem Pfarrer. Der half ihm nun, daß er im Kollegi da drüben Aufnahme fand. Aber denkt euch, ein dreiundzwanzigjähriger Schuster mußte neben jungen Herrensöhnlein auf der Schulbank sitzen! Und bis spät in die Nacht hinein flickte er anderen Leuten die Schuhe, um ein paar Batzen verdienen zu können. Sechs Jahre studierte er mühevoll in Sarnen, dann in Einsiedeln und zuletzt im Priesterseminar in Chur, dazwischen immer wieder mit Schustern mühsam etwas Geld verdienend.

Am 10. August 1864 wurde er zum Priester geweiht, und danach feierte er in Sarnen die Primiz."

„Priester war er nun, aber es war ihm, als sei er der unwürdigste. Und doch war er ein guter Kaplan in Sarnen. Besonders die Kranken liebten den Kaplan Niklaus Amstalden sehr, und alte Leute sagten, er sei wie ein Heiliger. Hie und da kamen Briefe von Brasilien. Immer wieder schrieb seine Schwester von den seelischen Nöten dort, weil sie keinen Priester hätten. Immer wieder bat sie, der Bruder möge doch nach Brasilien kommen, wo so viele Verwandte und andere Schweizer ohne Priester seien.

„Warum ging er nicht sofort dorthin?" fragte Hansli mit traurigen Augen.

„Ja, das ist leicht gesagt. In Sarnen brauchte man ihn

auch. Dann hatte er kein Geld, und er mußte lange beten, bis er den Willen Gottes erkannte. Als er schon siebzehn Jahre in Sarnen Kaplan war und seine Schwester bereits sechsundzwanzig Jahre in Brasilien gelebt hatte, machte sie die große Reise zurück in die Heimat, wohl um nochmals Verwandte und Jugendfreunde und das liebe Obwaldnerland zu sehen und dann, um nicht nachzulassen mit Bitten an den Bruder, hinüberzukommen zu seinen Landsleuten, um ihr Seelsorger zu werden. Eine wackere Tante! Denkt euch, das Reisen war damals so beschwerlich. Kinder und Großkinder und alle Bekannten mußte sie in Brasilien zurücklassen, ohne sicher zu sein, ob sie dieselben wiedersehen werde. Ja, unsere Ahnen waren tapfere Leute.''

,,Vater, gelt, dann packte der Großonkel seine Sachen zusammen und ging fort übers Meer?''

,,Halt, halt, so schnell ging das nicht. Aber das war ihm nun klar, daß Gott ihn nach Brasilien rief. Zuerst mußte er dem Bischof schreiben und um seine Erlaubnis bitten. Das tat er und erzählte im Brief, wie arm die Auswanderer dort seien. Er schrieb auch, daß sein Bruder mit Frau und sieben Kindern und viele andere Familien, im ganzen etwa hundert Personen, von Sarnen und Umgebung im Frühling auswandern würden und, daß er sich diesen anschließen möchte, um als Auswanderer-Seelsorger in Brasilien zu wirken. Der Bischof gab seine Einwilligung. Und nun verließen die Obwaldner getrost ihre Heimat, weil Kaplan Amstalden sie begleitete. Für ihn begann ein ganz neues Leben, als er fünfzig Jahre alt war.

Die Freude der Verwandten und aller Schweizer war unbeschreiblich, als die neuen Ankömmlinge im Frühling

1881 den Kaplan mit sich brachten. Jetzt hatten sie einen Priester, Tröster, Berater, Lehrer. Allen war er wie ein Vater. Er lehrte ihre Kinder, richtete sofort in einem kleinen Haus eine Kapelle ein und hielt dort Gottesdienst. Er war arm wie sie alle und arbeitete, wenn er Zeit fand, mit ihnen auf den Feldern. Das war von jetzt an ein ganz anderes Leben für die Kolonisten. Seht, was ein guter Priester bedeuten kann!''

Hansli dachte: ,,So ein Priester will ich auch werden und alle, alle Leute zum lieben Gott führen.''

,,Kaplan Amstalden, euer Großonkel, war nun der Mittelpunkt für alle Schweizer in Brasilien.

Zweimal mußte er mit seinen Leuten umziehen, weil andere Ländereien zugekauft werden konnten. Als er schon zweiundsiebzig Jahre alt, aber noch ganz rüstig war, gründeten die Schweizer miteinander die Kolonie Helvetia, bauten eine Kirche, ein Pfarrhaus und eine Schule. Unserer Lieben Frau von Lourdes wurde die Kirche geweiht. Wie glücklich war der Kaplan nun, in einem so schönen Gotteshaus wirken zu dürfen! Er hatte ja die Mutter Gottes so gern. Aber das Pfarrhaus war ihm zu schön, er wohnte in einem kleinen Häuschen. Er lebte wie immer ganz arm, und er hätte doch gut bezahlte Stellen bekommen können. Aber die Schweizer liebten und ehrten ihn wie den besten Vater. Als er 80 Jahre alt war, zog er sich in eine kleine Einsiedelei am Waldrand zurück.''

,,Wie Bruder Klaus'', sagte jemand dazwischen.

,,Ja, ganz ähnlich. Dort verbrachte er von 1910 an die letzten Jahre seines Lebens im Gebet. Er feierte so andächtig die heilige Messe, daß er oft vor Rührung weinte. Die Leute hielten ihn für einen Heiligen.

Die liebe Mutter Gottes, die er so innig verehrte, hat ihn im Rosenkranzmonat 1919 heimgeholt."

Der Vater hielt inne und schaute seine Schar an. Jetzt wollten sie noch allerlei wissen, von der großen Reise übers Meer, von dem Land Brasilien, von des Großonkels Lebensweise, und zuletzt rief Hansli laut: „Ich gehe auch einmal nach Brasilien."

Alle lachten: „O Hansli, du bist ja nicht einmal aus der Schule!" Aber Hansli trat ganz nahe an die Mutter heran und flüsterte ihr etwas ins Ohr, so daß sie mit ernstem Gesicht ihm zunickte. Er wußte es ja, daß die Mutter ihn nie, nie auslachte. Aber davon war sie wohl heute doch noch nicht überzeugt, daß Hans wirklich einmal die große Reise unternehmen werde, um in die Fußstapfen des heiligmäßigen Großonkels zu treten.

„Vater, wir haben noch einen andern Verwandten in Amerika, der dort im Rufe der Heiligkeit gestorben ist." Mit diesen Worten lenkte die Mutter des Vaters Erzählerkunst auf Pater Lukas Etlin, dessen Mutter eine Amstalden und die Taufgotte des »Wyer«-Vaters war.

„Ja, bitte erzähle etwas von P. Lukas", baten die Kinder, und rasch nahm Hansli die Fotografie des Benediktiners von der Kommode und stellte sie vor den Vater hin.

„War er auch in Sarnen daheim? Warum ist er nach Amerika gegangen?"

Nun erzählte der Vater auch von diesem ehrwürdigen Verwandten, dessen Vater in Sarnen im Rathaus Schreiber war und dessen Mutter einen kleinen Tuchladen führte, um die Familie durchzubringen. „Auch er, Alfred, der spätere P. Lukas, ging da drüben ins Kollegi", erklärte der Vater, hinüberdeutend zum Kollegium der Benediktiner. „Dann aber erhielt er ein Stipendium im

Engelberger Gymnasium und studierte dort von 1880 bis 1886. Er war ein guter Zeichner und Maler. In Engelberg hörte er vom Kloster Conception in ‚Neu-Engelberg' in Missouri in Nordamerika. Sein Wunsch, dort einzutreten, wurde immer mächtiger, obwohl die Eltern ihn lieber in der Nähe gehabt hätten. Als Abt Frowin von ‚Neu-Engelberg' den Studenten von seinem Kloster in Amerika erzählte, spürte Alfred, daß er dort eintreten müsse. Und tatsächlich verließ er mit seinem Kameraden, Kaspar Lussi, Heimat und Eltern und reiste nach Amerika. Im Kloster Conception begann er sein Ordensleben und erhielt den Namen Lukas."

Die Mutter fuhr fort: ,,Ja, Kinder, P. Lukas war wirklich ein Heiliger. Er hätte stundenlang beten mögen vor dem Allerheiligsten. In einem Anbetungskloster für Benediktinerinnen wurde er Spiritual und hat dort für die Klosterfrauen soviel getan, als er nur konnte. Er war nicht nur ein großer Beter, er war auch ein Wohltäter für alle, die in Not waren. Es grenzt ans Wunderbare, was er getan, als der Weltkrieg 1914-18 über Europa wütete. Durch Zeitschriften, die er schrieb und verbreitete, sammelte er viel Geld und unterstützte damit Klöster, Studenten, arme Priester in Europa, denn damals war in vielen Ländern große Hungersnot."

,,Oh, ich möchte auch einmal an das Grab von P. Lukas reisen", rief Hansli begeistert. ,,Und dann müßten mir die Klosterfrauen alles erzählen von ihm, was sie nur wüßten!"

,,P. Lukas ist ja der Onkel deines Firmgötti. Vielleicht weiß auch der noch etwas von ihm zu berichten."

,,Ja schon, aber wenn P. Lukas so lange schon fort ist von Sarnen und fast sein ganzes Leben in Amerika verbracht hat, muß Hansli gewiß dorthin, um seinen Gwunder stillen zu können", meinte der Vater schelmisch lächelnd.

So ging der Abend schnell vorbei. Hansli strahlte vor Freude. Er wollte ja auch Priester werden und den Menschen Gutes tun. Aber heute war er noch glücklich geborgen im trauten »Wyer« in Vaters und Mutters Obhut.

Freuden und Feste

Aus dem Primarschüler Hansli wurde ein Student des Gymnasiums. Er blieb aber zutiefst im Wesen immer das sonnige Kind Gottes, das seinen innern Himmel ausstrahlte auf alle, die mit ihm lebten, ohne daß es ihm zum Bewußtsein kam. In allen aber, die ihn gekannt hatten, weckt diese Erinnerung Freude. Es scheint, daß er, trotz vieler schwerer Leiden, zur Freude geboren und in ganz besonderer Weise auserwählt war, Freude zu erleben und Freude zu verbreiten. Die Schönheit der Natur entzückte den Knaben. Er konnte jubeln beim Auffinden einer seltenen Blume wie beim Betrachten der großen, herrlichen Welt. Wenn der Sommer mit seiner strahlenden Lichtfülle das liebliche Tal übergoß, wenn die Alpen grün geworden bis zu den Felsen, schaute Hans sehnsüchtig hinauf zu den Bergen. Die letzten heißen Tage im Schulzimmer wurden ihm zur Qual. Ferien, Freiheit, Singen, Wandern — oh, wie freute sich Hans! Es war ihm noch nicht bewußt, daß all diese Freude ein einziges Gebet des Dankes und Lobes war. Das war es schon in der sorglosen Jugendzeit und blieb es weiterhin, als er heranwuchs, sein Horizont sich weitete und er zu erfassen begann, was für ein großes Gnadengeschenk Gott in sein Wesen hineingelegt hatte: die Fähigkeit der reinen Freude in einem Maße, wie es wenigen zuteil wird. Noch wußte er nicht, welchen Abgrund von Schmerz und Leid er einst durchwandern müsse und wie früh und oft der Tod in seinem jungen Leben nahe kommen sollte, bis die Freude, die selige Freude geläutert ihren Lobpreis singen würde.

Neben dem strengen Alltag gab es in der Familie Feste, die man im »Wyer« zu feiern verstand. Es gab Verlobungen, Hochzeiten und auch eine Profeß. Hans war der Kapellmeister für den ,,Wyer Sängerchor''. Er selber sang unzählige Lieder; seine Freude am Singen und sein feines Gehör, dazu auch ein gutes Gedächtnis befähigten ihn, den Liederschatz stetig zu vermehren.

Wenn es im Haus zu laut wurde, so kam man nie in Verlegenheit. In der Scheune gab es genug Platz für Gesangproben. Und wenn zufällig der Schweinestall leer war und man keine lustig grunzenden Bewohner darin hatte, war das ein ausgezeichneter Singsaal, besonders dann, wenn eine Überraschung vorbereitet werden sollte. Seine Mauern waren dick und die Fenster klein, so daß man dort in allen Lautstärken singen durfte.

Als Hans in der ersten Lateinklasse war, fand ein außergewöhnliches Familienfest statt. Seine älteste Schwester Marie hatte nämlich das Vaterhaus verlassen, nicht um eine Familie zu gründen, nein, sie wollte sich einer andern großen Familie anschließen, der Klosterfamilie in Menzingen. Das war eine Freude, als im Sommer 1934 der fein säuberlich geschriebene Brief mit der Einladung zur Profeß am 28. August vom Briefträger in den »Wyer« gebracht wurde. ,,Dürfen wir auch mit, Vater, Mutter?'' tönte es durcheinander.

Nun war Hans im Element.

,,Wenn wir an das Fest dürfen, müssen wir viele Lieder singen'', meinte er; denn ein so großes Fest ohne Lieder konnte er sich nicht vorstellen.

,,Was meinst du, Hans, es könnten in Menzingen, die Angehörigen jeder Profeßschwester so viele Lieder singen wie wir? Da müßte man ja zehn Tage feiern'', hielten ihm die großen Schwestern entgegen. ,,Dann singen wir halt auf der Reise'', war sein neuer Plan, der ihm rasch durch den Kopf ging. Dagegen konnte niemand etwas haben. Ernste Lieder natürlich, aber auch lustige wurden eingeübt.

In der Morgenfrühe des 28. August, als die Sterne noch am Himmel glänzten, machte man sich auf für die damals große Reise nach Menzingen. Das war für Eltern und Geschwister ein unvergeßlicher Tag, als Marie, die älteste, den Schleier der Braut Christi nahm.

Hans, der junge Älpler

Niemand kann sich Hans Amstalden denken ohne seine lieben Berge. Er hatte es im Blut, zog es doch den Vater schon immer mit aller Macht, wenn die Hauptarbeit getan war und die klaren Herbsttage ins Land zogen, mit Jagdhorn und Gewehr hinauf in die Berge. Schon als Hans noch ein Schulbub war, gab es für ihn keine größeren Freuden, als mit Brüdern und Schwestern auf die Alpen zu steigen.

Hans war in der zweiten Lateinklasse, ein aufgeschossener, bleicher Bub, als eines Tages ein Onkel, der als Hirt auf der Alp ,,Siweliboden'' waltete, im »Wyer« vorsprach. Ein Büschel Alpenrosen auf dem alten Filzhut, einen knorrigen Stock in der Hand und den schweren Rucksack auf dem Rücken, trat er in die Stube. Gleich war er umringt von den kleinen Neffen und Nichten.

„So, so, ihr Buben könntet mich vertreten auf der Alp, wenn ich ins Militär muß“, meinte er, halb im Spaß.

Das mußte er nicht zweimal sagen. Ernst rief laut: „Ich komme auf die Alp.“ Der Onkel musterte ihn von oben bis unten.

„Du allein kannst es nicht machen.“

„Der Hans kommt sicher mit“, meinte Ernst.

Vater und Mutter schauten sich gegenseitig an, als wollte das eine zum andern sagen: „Die zwei könnte man ziehen lassen.“

Als sie sich darüber besprachen, hörte man Hansens raschen Schritt auf der Stiege. Erstaunt blickte er den Onkel an, und gleichzeitig tauchte vor seinem Innern die ganze Alp auf mit den zottigen Tannen, den moosigen Felsblöcken und den Weiden voller Alpenblumen.

„Hans, willst du mein Rinderhirt sein für drei Wochen?“ fragte jetzt der Onkel.

„Du machst Spaß, Onkel!“

„Nein, es ist mein Ernst. Ich muß ins Militär und brauche eine Aushilfe!“

Hans schaute vom Onkel zu Vater und Mutter und erkannte, daß alle einverstanden waren. Da flog das Studenten-Käppi in die Luft, und ein heller Jauchzer ertönte, wie wenn er schon auf der Alp wäre. Nun wurde der Tag abgemacht, wann der junge Hirt mit dem noch jüngeren Bruder Ernst auf dem „Siweliboden“ antreten sollte.

„Ja, Buben", meinte der Vater, „aber da habt ihr treu eure Pflicht zu erfüllen, nur mit Jodeln und Jauchzen allein ist es nicht getan."

Der Onkel nickte dazu: „Ich will euch dann einlernen, was ihr alles zu tun habt, je nach dem Wetter. Man muß gut zu den Tieren schauen. Ist es heiß, treibt man sie in den Stall, damit sie nicht von Fliegen und Bremsen geplagt werden. In der Nacht ist es ihnen im Freien wohl. Und dann, was ganz wichtig ist bei uns im sumpfigen Siweliboden, die Tiere dürfen nicht aus den Pfützen trinken, sonst werden sie krank. Man muß immer für gutes, frisches Wasser sorgen."

„Oh, das machen wir alles schon recht. Und die Geißen melken können wir auch", riefen die Buben.

„Und misten und streuen, das werden wir alles besorgen", meinte Ernstli wichtig.

„Auch Stauden zusammentragen wollen wir. Aber gelt, Onkel, wir dürfen sie dann auch anzünden?"

„Wenn es regnet, jassen* wir in der Hütte."

„Und ich werde den Betruf am Abend singen", sagte Hans.

„Kannst ihn ja gar nicht", brummte Ernst.

„Doch, das will ich meinen, hör nur." Laut und klar scholl es durch die Stube: „Zue lobä, zue lobä! I Gotts Namä lobä!"

„Ja, ja, Buben, das wird schon gehen, wenn ich so wackere Knechte bekomme."

„Wären nur schon die Ferien da!"

Endlich kam der Morgen, da die beiden Buben mit vollgestopften Rucksäcken auf die Alp zogen.

---

*Jassen ist ein in der Schweiz beliebtes Kartenspiel.

So sah einst das Haus zum »Wyer« aus

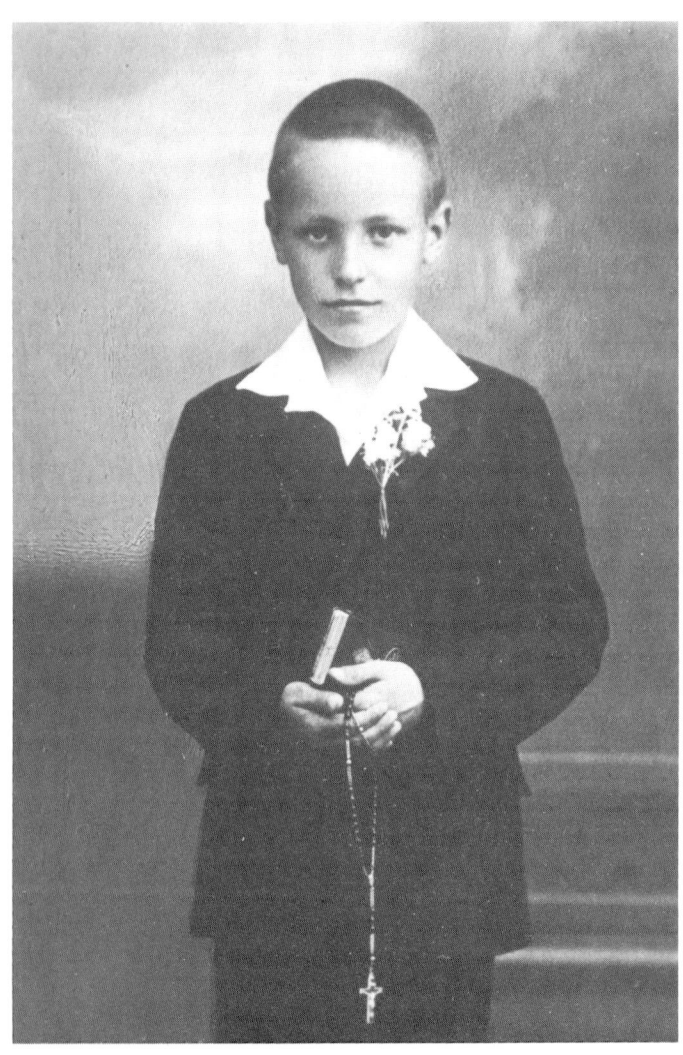

Weißer Sonntag 1930

Als sie der Stalden-Kapelle nahten, läutete es zur heiligen Messe. Hans wollte nicht vorbeigehen. Sein Herz war so voll Freude, daß er sie mit jemandem teilen mußte, und dieser Jemand, der kam ja auf den Altar im heiligen Opfer.

Ein Sommermorgen ohnegleichen verzauberte Tal und See und Berge in ein Paradies, so daß die zwei Buben einen Jodel um den andern ertönen ließen und kaum spürten, daß es warm und wärmer wurde und Hunger und Durst sich meldeten. Ringsum bimmelten die Herdenglocken. Einmal seufzte Ernstli und wollte ausruhen. „Schau, dort sieht man schon die Hütte, es ist nicht mehr weit", tröstete Hans den kleinern Bruder und stieß einen hellen Jauchzer in die Luft. In den einsamen Hütten horcht man auf, wenn ein Menschenlaut zu hören ist. Am Brunnen stand der Onkel mit einem Kessel.

„Wahrhaftig, das sind die Buben", sagte er vor sich hin, machte einen kräftigen Zug aus seiner Pfeife, legte die Hand über die Augen und schaute über die Alp. Dort, das mußten sie sein. Sie kamen ihm vor wie zwei kleine Häslein. Rasch holte er den Feldstecher, der neben der Türe hing, und suchte die Stelle ab. Ja, ja, Hans und Ernstli. Er ließ ein lautes „Juuhui" erschallen. Dann echote es von unten her.

„Die werden hungrig und durstig sein", dachte er, trat wieder in die Hütte, legte ein paar Holzscheite aufs verglimmende Feuer und hängte das „Kessi" darüber. „Älplermagronä" sollten sie bekommen mit viel Käse und Butter. Und hernach will er Nidel (Schlagsahne) schwingen und einen „Cheli" (schwarzen Kaffee) brauen. Das war ein Jubel, als sie endlich ihre Rucksäcke vom Rücken nahmen und sich auf der Bank vor der Hütte niederlassen konnten. Dann tauchten sie die Arme in den Trog und hielten die Köpfe unters sprudelnde Wasser. Ernstli legte sich auf den Rasenteppich. Hans fing an, den Rucksack zu durchsuchen. ,,Hier, Onkel, ein Lebkuchen von der Mutter und dazu Zucker und Kaffee und ein Fläschlein Chriesiwasser (Kirsch).''

Strahlenden Auges überreichte er die Geschenke. Der Onkel schmunzelte: ,,Deine Mutter weiß, was man brauchen kann'', rührte in seinen ,,Älplermagronen'', nahm drei Teller vom Gestell und kramte Löffel aus der alten Tischschublade.

,,Buben, es gibt zu essen'', hieß es bald, und er mußte es nicht zweimal sagen.

Wie herrlich schmeckte es da vor der Hütte! Ein Geißlein schnupperte zutraulich an Ernstlis Hosen, und bald bimmelte es ringsum.

,,Onkel, hier oben ist der schönste Platz der Welt,'' sagte Hans.

,,Mein's auch'', gab der Älpler zu. Beide kannten zwar nicht sehr viel von der großen, weiten, herrlichen Welt, die der Schöpfer so wunderbar erschaffen, sie hatten weder das ungeheure Meer noch die endlosen, geheimnisvollen Wüsten und Urwälder gesehen. Hans spürte aber im Herzen eine so große Freude an der heimatlichen Alp, daß eine größere gar nicht hätte Platz finden können darin. Auf einmal kam ihm der Gedanke, wie weh ein Abschied vom lieben Obwaldnerland tun müsse.

,,Onkel'', sagte er, ,,das war doch schrecklich, als unsere Verwandten nach Amerika auswandern mußten.''

Der Onkel blickte versonnen in die Ferne.

,,Ist auch mancher nicht mehr zurückgekommen, weil er vor Heimweh drüben gestorben ist'', antwortete er.

„Unser Großonkel, der Auswanderer-Kaplan, hat gewiß ein ganz großes Opfer gebracht, als er nach Brasilien reiste."

„Denk' schon", kam's einsilbig zurück. Es ist nicht Art der Bergler, ihre Gefühle zu zeigen. Aber Hans in seiner Bubenart plauderte weiter:

„Wenn er's nicht gebracht hätte, wären ja unsere Landsleute ohne Priester gewesen." Jetzt schwieg der Bub und dachte für sich: „Ein Priester muß jedes Opfer bringen können für die Seelen."

Dann erhob sich der Onkel, nachdem sie Gott für Speis und Trank gedankt hatten. „Buben, ich will euch alles zeigen, damit ihr gute Hüter seid, wenn ich fort muß."

Und nun ging er mit ihnen über die Leiterstiege in den obern Stock, wo die „Tastern" (Strohbetten) waren.

„Habt mir Sorge zum Licht", mahnte er, „das Stroh brennt schnell."

Dann zeigte er ihnen, was und wo er in der Hütte alles versorgt hatte.

Sie suchten den niedern Stall auf. „Wenn's heiß ist, treibt die Rinder tagsüber da hinein.

Und Wasser, Buben, vergeßt mir nie, frisches Wasser vom Brunnen in die „Standen" zu tragen. Die Tiere müssen gutes Wasser haben!"

„Hier muß man die Lücken schließen", bemerkte der Onkel, als sie an den Waldrand kamen.

Es wurde Abend. Darauf hatte sich Hans schon den ganzen Tag gefreut. Als der Onkel endlich den Holztrichter vom Gestell nahm und vor die Hütte trat, schlichen die violetten Schatten schon höher und höher an den Felsen empor. Der Älpler schwieg und ging den Buben voran zum Kreuz. Jetzt hob er den Trichter an den Mund und fing an, den Betruf zu singen, das alte, eigenartige Segensgebet, von dem man nicht weiß, wer es ausgedacht, aber doch fühlt, daß es Himmel und Erde vereint.

„Zue lobä! Zue lobä! I Gotts Namä lobä!
Zue lobä! Isa liäbä Fraiä Namä lobä!
Zue lobä! Zue lobä! Isä liäbä Heilige Namä lobä!
Gott und Maria, der heilige Sant Antoni und Sant Wendel und der heilig Landesvater Brueder Clais wellid disi Nacht uf diser Alp ihri Herberg haltä ..."
Zuletzt echote es an den Felsen:
„Ave, ave, ave Maria!"
Dann ließ der Onkel einen lauten Jauchzer ertönen.

Als der Onkel Abschied nahm von seiner Alp, um „einzurücken" mit Tornister und Gewehr, hatten sich die Buben schon an den Tageslauf auf „Siweliboden" gewöhnt. Manchmal noch schaute der Mann zurück auf den schönsten Platz der Welt und biß die Lippen aufeinander. „Wenn's nur nie Ernst wird. Dem Hitler ist nicht zu trauen", dachte er für sich. Hans war sich seiner Verantwortung bewußt, der Onkel durfte beruhigt sein. Es wurde alles besorgt wie immer, und am Abend ertönte Hansens helle Stimme weit über die Alp:

„Zue lobä, zue lobä! I Gotts Namä lobä!"

Dann kehrten die Buben allein in ihre Hütte zurück, verriegelten die Tür und schlüpften in die „Tastern".

„Du, Ernst, wir wollen noch den Rosenkranz beten", mahnte der Bruder. Und obwohl dem Jüngern beinahe die Augen zufielen, fing er an: „Im Namen des Vaters und des Sohnes und des Heiligen Geistes ..." Er mußte zuletzt allein fertig beten, denn auf einmal schwieg Ernstli und schlief ganz fest auf seinem Arm.

36

Eines Tages sahen die Buben jemanden der Hütte nahen.

„Will wetten, daß es das Thildy ist", meinte Ernstli.

„Kann sein, aber wer ist die andere?"

Es kam bald aus. Wirklich, es kam die Kusine Mathilde mit einer Freundin auf die einsame Alp. Das gab einen Jubel bei den Jungen, denn sie gestanden sich ein, es wäre doch kurzweiliger, Gesellschaft zu haben.

Thildy und Marie Scherer (+ Juni 1972), das „Chruseli", packten ihre Rucksäcke aus. Hans braute einen Kaffee, und dann gab's ein fröhliches Beisammensein vor der Hütte.

„Müßt ihr heute wieder nach Sarnen?" fragte Ernst etwas besorgt.

„Nein, nein, wir bleiben da. Ihr werdet uns doch wohl noch zwei „Tastern" haben?"

Eines Abends, als sie sich schon in die „Tastern" verkrochen und das Licht gelöscht hatten, klopfte es heftig an der Türe. Alle erschraken. „Was machen wir nun?" fragte leise das „Chruseli" und schlüpfte noch tiefer unter die Decke. Thildy zitterte. Wiederum klopfte es draußen, diesmal noch energischer. Hans schlüpfte in die Hosen. Er wollte öffnen, man konnte ja nicht wissen, ob jemand sich im Dunkel der Nacht verirrt hatte. Er glaubte fest an den Schutz der Engel, stieg die Leiter herunter und schob den Riegel zurück. Eine widerliche Männerstimme bot den Abendgruß. Hans aber rückte einen Stuhl zurecht und hieß den fremden Mann sich auszuruhen. Nicht im geringsten spürte er Furcht, während die Mädchen im obern Hüttenstock bangten und zitterten.

Ob keine Jäger da wären, hörten sie den Fremdling fragen.

Daß dies nur eine Ausrede war, erkannten sie sofort, während Hans in seiner Bubenfröhlichkeit und Unschuld erklärte, es gäbe hier nichts zu jagen, aber einen „Cheli" (schwarzen Kaffee) müsse er nun trotzdem haben. Rasch stellte er den Spirituskocher auf den Tisch, und bald hörte man ihn im Kaffeeglas rühren. Die Mädchen getrauten sich kaum zu schnaufen, auch Ernstli hielt sich mäuschenstill. Der unheimliche Kerl schaute sich um und um, konnte aber wahrscheinlich nichts entdecken, was ihn interessierte. Die Sekunden strichen langsam wie Stunden dahin. Hans plauderte fröhlich und furchtlos, ersehnte aber doch den Augenblick, da der Fremde wieder draußen wäre. Endlich, endlich erhob sich der Mann, brummte etwas vom Weitergehen, und die vor Furcht Zitternden hielten den Atem an, als sie die Hüttentüre knarren hörten und deutlich vernahmen, wie Hans rief: „Gute Nacht!" und den Riegel zustieß. — Nach vielen Jahren noch lebte dieser Abend im Gedächtnis des „Chruseli" deutlich weiter, so daß es in einem Brief davon erzählte: „Wir sind in unserer ‚Taster' fast gestorben vor Angst, bis der fremde Eindringling wieder fort war. Aber Hans war so gut, daß ihm gar kein Gedanke kam, dieser Mensch (ein Ausreißer aus der Strafanstalt, wie es sich herausstellte) könnte etwas Unrechtes wollen. In diesen Ferien lernte ich so recht den kindlich-frommen Charakter des Hans kennen."

Die Freundschaft, in diesen Tagen auf der einsamen Alp geschlossen, wurde nie mehr aufgelöst. Später, als Hans längst Priester war, kam er bei einem Aufenthalt in der Heimat stets beim „Chruseli" vorbei zu einem frohen Wiedersehen. Und mit leiser Wehmut erinnerte ihn Marieli an jene frohen Stunden auf der Alp und wie er, der junge Älpler, als sie Abschied nehmen mußten, auf einem Felsblock gestanden und laut gesungen habe: „Nachtigall, Nachtigall, wie sangst du so schön" — bis sie ihn nicht mehr sehen konnten.

Auch die Kusine Mathilde, welche schon jahrelang in England weilt, berichtet in einem Brief: „Die Anwesenheit meines Cousins Hans wirkte für mich wie ein sonniger Strahl."

Er sollte noch für viele ein sonniger Strahl werden, ein Strahl jener Sonne, die jeden Menschen erleuchtet, der sich ihr öffnet.

Studienzeit

Vater und Mutter Amstalden blickten manchmal besorgt auf das schmale, bleiche Gesicht ihres Studenten. Hans klagte zwar nie, aber dem Mutterauge und -herzen entging es nicht, wie der Bub oft große Mühe hatte, am Morgen aufzustehen, wie er mittags, wenn die andern lustig sich tummelten, müde und still dasaß. Die Mutter besonders wußte genau, daß sein Teller nicht gefüllt werden durfte und jener der andern schon leer war, bevor Hans nur ein paarmal den Löffel zum Mund geführt hatte. Am wohlsten war ihm draußen in der frischen Luft, und er hätte am liebsten die ganze Schule samt Professoren und Kameraden unter die Bäume des »Wyers« gezaubert. Das wäre ein Lernen gewesen, wenn der Wind über die Köpfe gestrichen und die Vögel im Geäst dazu gepfiffen hätten! Aber ach, ein solcher Traum war nicht zu verwirklichen, auch wenn das Kollegi noch so nahe aus dem Grün guckte! Man mußte im Studiersaal über den

Büchern sitzen und in den Schulzimmern den Professoren lauschen. Hans entdeckte sich oft beim Gedanken an den ,,Siweliboden'', und die Sehnsucht nach den Bergen und Alpen konnte ihm eigentlichen Schmerz bereiten. Ob er mit dem Studium aufhören sollte? Ganz tief im Herzen sagte ihm eine Stimme: ,,Du darfst Priester werden.'' — ,,Aber ich habe die Kraft nicht zum Studieren!'' — ,,Ich werde dich nie verlassen.'' — Der fröhliche Bub hatte schmerzliche Stunden durchzuleiden. Aber bald strahlten die blauen Augen wieder wie Sterne, wenn neuer Mut ihn erfüllte. Vater und Mutter besprachen sich oft in der stillen Kammer, wenn alle im Hause schon schliefen, über ihre Kinder. ,,Hans macht mir Kummer'', klagte sanft die Mutter. Dann tröstete der Vater: ,,Es wird schon besser, wenn er ausgewachsen ist. Es ist schon manch schwacher Bub ein starker Mann geworden.''

,,Ich gebe ihm doch Bienenhonig und Schnitzwein, aber alles schlägt nicht an. Soll ich mit ihm zum Doktor gehen, was meinst du?''

,,Ich glaube nicht, daß er wird helfen können'', erwiderte der Vater und fügte bei: ,,In den Ferien muß der Bub auf die Alp.''

,,Aber das geht noch lange. Sollte er am Ende gar nicht mehr studieren? Will der Herrgott, daß er Bauer werde wie du? Glaub mir, diese Gedanken plagen mich in letzter Zeit Tag und Nacht'', klagte die Mutter. Der Vater schwieg, und sie fuhr nach einer Weile fort: ,,Ich habe bis heute geglaubt, Hans sei zum Priester berufen. Damals schon, als er in der Wiege lag. Du weißt es ja, Christian! Habe ich mich getäuscht? Und als er ein Schulbub war und glücklicher Ministrant — und Erstkommunikant! Aber der Pfarrer selber meint ja, er sei zu schwach fürs Studieren. Weißt du noch, daß er sagte, er könnte in einen Orden als Bruder eintreten?"

Tränen füllten die gütigen Augen. Der Vater konnte nicht mehr zusehen.

„Es fällt mir etwas ein", sagte er, und die Mutter horchte auf.

„Ich will zum Rektor gehen, mit ihm über die Sache reden und auf sein Urteil bauen."

Erleichtert erwiderte die Frau: „Ja, geh, und ich will beten, daß er dir die rechte Antwort geben kann."

Eines Tages schlüpfte Vater Amstalden an einem gewöhnlichen Werktag in die Sonntagshosen, nahm den Hut und machte sich auf den Weg zum Kollegi. Den Herrn Rektor wollte er sprechen.

Es war dies der spätere Abtprimas P. Dr. Bernhard Kälin. Der urchige Hälmibläser und fröhliche Vater Amstalden war kein Unbekannter im nachbarlichen Benediktiner-Kollegium, und die Stube im »Wyer« beherbergte manchmal diesen oder jenen der Professoren zu einem Kaffeejaß oder auch zum Disputieren und ländlichen Politisieren.

Des Herrn Rektors Blick erkannte rasch, daß Amstalden nicht zum Spaßen hergekommen war, und das Gespräch drehte sich sofort um Hans. Beiden, dem Benediktiner-Vater und dem leiblichen Vater, war es bewußt, daß es sich um die ganze Zukunft eines verheißungsvollen jungen Menschen handelte, dessen wertvolle Tiefe aber noch kaum erkannt worden war.

„Er ist zu schwach, um das Studium vollenden zu können", meinte der Vater besorgt. Pater Rektor dachte nach. Dann sagte er das gewichtige Wort:

„Und er wird doch Priester."

Erstaunt schaute ihm Amstalden ins Gesicht.

,,Ja, ja, er ist dazu berufen. Ich habe Hans genau beobachtet. Und gerade heute, als er mir ministrierte, über-
kam mich die Gewißheit, daß er Priester werde.'' Der
Vater schwieg und senkte den Kopf, um seine Rührung
zu verbergen. Das Wort war nicht nur eines Menschen
Wort; da sprach der Heilige Geist durch diesen Vorge-
setzten. Der Rektor fuhr fort: ,,Wenn Gott ihn auserwählt hat, wird er ihm auch die Kraft geben. Und ich
glaube fest daran.''

Mit diesem Bericht kam der Vater heim. Die Mutter
war nicht allzusehr überrascht. Tief in ihrem Herzen eingeschrieben, unauslöschbar, standen die Worte: Hans ist
auserwählt zum Priestertum. Aber neben dieser Gewißheit spürte sie auch das unsichtbare Schwert.

Hans Amstalden studierte also weiter. Nach und nach
schien sich seine Gesundheit etwas zu festigen. Er war ein
hochaufgeschossener, sehr schlanker Jüngling von
durchsichtiger Blässe. Der Zauber eines kindlich-frohen,
schalkhaften Gemütes äußerte sich stets in seinem feinen
Lächeln, mit dem er jedermann begegnete und ihn
ahnungslos beglückte. Niemand konnte ihm gram sein,
weil er sich nicht im geringsten wichtiger vorkam als seine Kollegen. Aber kopfhängerisch sah man ihn nie, wenn
er auch neben vielen Herrensöhnchen nur der Bub einfacher Bauersleute war. Es schien, als ob der Schöpfer ganz
allein nur die guten Erbanlagen in dieser jungen Seele
wirken lasse.

1939 wurde in Zürich vom Frühling bis zum Herbst ein
großes Fest nach dem andern gefeiert. Die Schweizeri-
sche Landesausstellung, im Volksmund ,,Landi'' genannt, schweißte das Volk der Berge zur Einigkeit

zusammen, die es vorher kaum in dieser Art gekannt. War es nicht, als spürte man die Zusammengehörigkeit noch viel intensiver, je düsterer die Nachrichten aus dem Ausland uns überfluteten? Hans Amstalden besuchte die fünfte Lateinklasse, als man im Kollegi den Plan faßte, an der „Landi" das Bruder-Klausen-Spiel von P. Niklaus Kathriner O.S.B. aufzuführen. Das war eine Begeisterung unter den jungen Spielleuten. Der hagere, große Hans mit dem feinen, ernsten Gesicht wurde auserwählt, die Rolle des Bruders Klaus zu spielen. Er lebte sich ein und spielte sie so gut, wie man es nie von einem achtzehnjährigen Jungmann erwartet hätte. Unvergeßlich blieb allen, die den Obwaldnertag miterlebten, der große, zwar etwas jugendliche, aber tiefinnerliche „Bruder Klaus". Die Zürcher waren begeistert, und die Tageszeitungen lobten einmütig das Spiel. Sogar in der „Neuen Zürcher Zeitung" vom 2. Juni 1939 hieß es: „Nicht alle bringen so Schönes und Wertvolles mit an die „Landi" wie die Schüler des Kollegiums Sarnen." Betreff unserem Hans Amstalden las man: „Der Bruderklausendarsteller Hans Amstalden, »Wyer«, Sarnen, Student der fünften Klasse, erntete reichen Beifall. An ihm gefiel nicht nur die hagere Gestalt, sondern die vollendete Natürlichkeit und religiöse Weihe, mit der er das Einfache wie Tiefe seiner Rolle meisterte."

Daß Bruder Klaus im Leben seines jungen Darstellers vom ersten Tag an eine ganz große Rolle spielte, wußte ja kaum jemand von den vielen Zuschauern. Aber gerade das war ja das Geheimnis, welches seinem Spiel die religiöse Weihe gab.

In den sorgenvollen Tagen und Jahren des zweiten Weltkrieges ging Hans der Reifeprüfung entgegen. Das war ein Jubel unter den Maturanten, als endlich im Juli 1942 die letzte Aufgabe gelöst und der letzte Experte den Saal verlassen hatte. Vergessen waren für ein paar Stunden drohende Kriegsgefahr und Bomben. Die Mehrzahl der Studenten mußte nun einrücken ins Militär.

Hans aber, dessen Gesundheit immer mehr oder weniger gefährdet war, durfte sich gründlich erholen. Für ihn brach ja eine ganz wichtige Zeit an. Er hatte sich zum Studium der Theologie am Priesterseminar St. Luzi in Chur angemeldet. Niemanden aus seiner Umgebung versetzte dieser Entschluß in Erstaunen.

So kam der Tag, da Hans Amstalden seinen Koffer packte und Abschied nahm von Sarnen, dem trauten Vaterhaus, den Eltern und Geschwistern, den Wiesen und dem See, um eine sehr ernste, strenge, nach unserer heutigen Auffassung zu strenge Lebensweise zu beginnen. Aber sein Blick sah hinweg über die Seminarjahre zu jenem Tag, da er als Priester am Altar stehen würde.

Im Priesterseminar St. Luzi in Chur waltete Regens Josef Scheuber seines Amtes. Chur, mit der herrlichen Kathedrale aus der romanischen Zeit, Bischofssitz seit dem fünften Jahrhundert, älteste Bischofsstadt nördlich der Alpen, übte eine große Anziehungskraft aus auf den Innerschweizer-Studenten. Daß Chur einmal sein Wirkungsfeld würde, daß er hier im Kreuzspital, wo einst die Güte und Weisheit einer Schwester Maria Theresia Scherer strahlte, seine neue Erdenheimat fände, davon hatte er keine Ahnung. Er war sich bewußt, daß für ihn ein Kreuzweg beginne. Die strenge Tagesordnung, das konzentrierte Studium, dazu wenig Abwechslung, waren alles Dinge, die einen jungen, gemütstiefen Menschen hätten abschrecken können. Aber Hans kannte nur eine

Sehnsucht: Priester zu werden. Und um dieses Ziel zu erreichen, dünkte ihn kein Opfer zu schwer. Wenn ein Schatten sein Glück zu verdunkeln drohte, war es der Gedanke, seine Kraft reiche nicht aus. Aber er suchte Hilfe und Trost bei seinen himmlischen Freunden. Die irdischen hätten ihn kaum verstanden, waren es doch alles junge, kräftige Männer.

Tagtäglich folgten sich in festgesetzter Ordnung dieselben Pflichten:

5 Uhr aufstehen
Morgengebet, Betrachtung in der Kirche
Heilige Messe
von 7 Uhr bis 8 Uhr Studium im Zimmer; Frühstück
8-12 Uhr Vorlesungen
12 Uhr Besuch des Allerheiligsten
Mittagessen
in der Kirche ,,Miserere''
bis 14 Uhr frei
14-16 Uhr Vorlesungen oder Studium
16 Uhr Kaffee
Studium
Nachtessen
Abendandacht
Vorbereitung der Morgenbetrachtung

Die Tage verlangten also strenge Pflichterfüllung von der Morgenfrühe bis zum Abend. Exerzitien, Tag für Tag! Die seltenen Briefe, welche den Eltern davon berichteten, wurden wohl oft gelesen. Und die »Wyer«-Mutter sagte zum Vater: ,,Wir müssen für Hans beten, er hat es nötig.'' Sie kannte ihren Buben, der jetzt ein großer, ernster Theologiestudent war. Sie allein wußte, wie schwer die strenge Lebensweise ihn belastete, wenn er auch nie klagte und täglich Gott dankte. Dem jungen Mann war schon früh die Gabe der Weisheit geschenkt, durch welche die Seele befähigt wird, jeden Augenblick des Lebens wie ein Sakrament zu empfangen. War ihm diese Gnade vielleicht von der an irdischen Jahren so jungen, an göttlicher Weisheit so reifen heiligen Theresia von Lisieux erbeten worden? Ihr fühlte er sich verwandt. Sie war seine heilige Schwester, die ihm in so manchen inneren Nöten und körperlichen Schwachheiten zu Hilfe kam, hatte sie doch schon in ihrem kurzen irdischen Leben als Karmelitin zwei geistlichen Brüdern ihre Opfer und Gebete schenken dürfen. Hans Amstalden verstand seine heilige Schwester, und sie verstand ihn. Oft schon hatte er ihre Worte gelesen: „Da der Eifer einer Karmelitin die ganze Welt umfassen soll, hoffe ich sogar, mit der Gnade des lieben Gottes mehr als zwei Missionaren nützlich zu sein, und nie könnte ich vergessen, für alle zu beten, und werde dabei auch die einfachen Priester nicht übergehen, deren Aufgabe ebenso schwierig zu erfüllen ist wie jene der Apostel, die den Ungläubigen predigen."

Diese Worte hatte sie in ihrem irdischen Leben aufgeschrieben, und jetzt, da ihre Herzenswünsche alle erfüllt werden, wie sie einst vorhergesagt, jetzt war ihre Hilfe an keine Grenzen mehr gebunden.

In einsamen Augenblicken, wenn Müdigkeit allen inneren Schwung hemmte, wenn Schmerzen quälten und Mutlosigkeit sich einschleichen wollte, wandte sich Hans an die so fein empfindende und verstehende hl. Theresia. Er bekannte, daß er sie nie umsonst angerufen, und daß sie die besondere Eigenschaft besitze, sehr rasch helfen zu können. So rasch, wie sie in ihrem Weg der geistigen Kindheit einst Gott gehorchte, so schien es jetzt, gehorche der große, allmächtige Gott gleichsam der kleinen Theresia.

Wie Bruder Klaus als Vater sorgt

Eine geheimnisvolle Beziehung zwischen dem großen Heiligen vom Ranft und dem Buben vom »Wyer« bestand vom ersten Augenblick an, war doch Hansli als zehntes Kind 1921 in der Morgenfrühe des Bruderklausenfestes geboren. Er wuchs gleichsam auf in der Atmosphäre des heiligen Bruder Klaus. Wie einen lieben, starken Vater ehrte man den Heiligen in der Familie Amstalden. Außerdem ist ja das Ländchen Obwalden wie die große Stube des Landesvaters. Vom Flüeli-Felsen hat er all die Matten und Hügel überschaut. Seine Einsiedlerzelle wurde aus den Stämmen der Obwaldner Tannen gebaut. Und die Melchaa, die da so nah am »Wyer« vorüberrauscht, hat schon zu seiner Zeit den Ranft mit derselben uralten Melodie erfüllt.

Schon als Schulbub durfte Hans hin und wieder mit der Mutter und den Geschwistern in den Ranft pilgern. Und wenn er dann in der dunklen Zelle betete, glaubte er fest, daß Bruder Klaus neben ihm knien würde. Vater und Mutter trugen alle ihre Sorgen hierher. ,,Der versteht uns Bauern am besten'', hatte der Vater oft gesagt, und die Mutter fügte bei: ,,Er versteht auch die Mütter, er hatte ja selber eine so gute Frau und zehn Kinder.''

Und jetzt, da Hans Theologiestudent war, erfüllte ihn in seinem Innern die Gewißheit: ,,Er liebt mich wie seinen Sohn.''

Bruder Klaus hatte damals, als er Einsiedler wurde, das zehnte Kind Kläusli zurückgelassen, um es ganz Gott zu weihen. Kläusli wurde Priester. Des Vaters heiliger Wunsch ging in Erfüllung.

Es ist nicht so, daß der weise Bruder Klaus den Menschen im Priester überschätzt hätte, er war ja, als er in der Welt lebte, mit sehr verschiedenen Vertretern des geistlichen Standes in Berührung gekommen und hatte sogar für die Kirchgemeinde Sachseln gegen dessen Pfarrer einen Prozeß geführt. Und als Einsiedler hatte er oft unter übelwollenden Priestern leiden müssen, so daß die Regierung sich veranlaßt sah, keinem Fremden mehr, ohne Empfehlung des Landammanns, den Zutritt in den Ranft zu erlauben. Das alles vermochte Bruder Klaus nicht irrezumachen am Priestertum. Er war tief überzeugt von der einzigartigen, hohen Sendung des Priesters. Nicht in erster Linie die Würde, die Heiligkeit der Person des Priesters sind entscheidend, sondern einzig und allein die Berufung, die Sendung durch die hl. Weihe. Bruder Klaus hat dieses Geheimnis tief erfaßt, wenn er sagt: ,,Es ist wie eine Brunnenröhre. Ob sie aus Gold, aus Silber oder aus Blech oder Holz ist, durch jede fließt in gleicher Weise das Wasser.''

Bruder Klaus, der ja nicht Priester war, lebte als Einsiedler ganz und in wunderbarer Weise vom heiligsten Altarssakrament. Das konnte ihm nur der geweihte Priester spenden. Es kam ihm der Priester wie ein ,,Engel des Herrn'' vor, ein Engel, der ihm Christus bringen konnte. Die höchste Freude bereitete man Bruder Klaus, wenn ein Priester in seiner Kapelle das heilige Opfer feierte. Der tiefste Grund also für seine Ehrung des Priesterstandes war das Größte, was es auf Erden gibt, die hl. Messe.

Je mehr Hans Amstalden sich in das Leben Bruder Klausens vertiefte, um so inniger wurde sein Verhältnis zu ihm, um so unbegrenzter sein Vertrauen und seine Hochschätzung des heiligsten Sakramentes.

„Bruder Klaus, du mußt mir helfen zum Priestertum", diese Bitte kam ihm täglich aus dem Herzen.

Wenn nach dem strengen Semester die Ferien kamen und Hans in sein liebes Obwaldnerland heimkehren durfte, kam es ihm vor, als wehe da eine andere Luft, als spüre man schon im Anblick der Berge, die es beschützen, einen eigenartigen Frieden von einer überirdischen Macht. Wenn das Brünigbähnchen in Sarnen anhielt, hätte er singen mögen, hell und laut, wie einst als Bub. Sein erster Blick ging hinauf zur Flüeli-Kapelle, die wie ein kostbares Krönlein im Grün leuchtete, als wollte sie künden: Hier gibt's noch eine andere Welt, die ihr hastenden Menschen nicht vergessen dürft! Hans kannte diese Welt, und sie beglückte ihn stets aufs neue.

Kaum war die erste Wiedersehensfreude daheim vorüber, machte er sich schon auf den Weg zum Ranft. Wo waren Müdigkeit und Schwäche, wenn er diese trauten Pfade hügelan lief, um dann hinunterzusteigen in den engen Einschnitt, den die Melchaa in Jahrtausenden eigens geschaffen für den stillen, weltabgewandten Ranft? Hier, so dünkte ihn, stehe die Zeit still. Da stand sie, die Kapelle mit der Zelle. In dieser Zelle mit dem merkwürdigen Geruch des alten Holzes hat er gelebt, der große Mann. Hans mußte sich darin bücken. Bruder Klaus hat sich zwanzig Jahre darin gebückt. Beim Gitterfensterchen, das den Blick in die Kapelle gewährt, kniete er nieder, hier, wo Bruder Klaus so wunderbar gebetet, hier, wo er Gnaden empfangen wie selten ein Geschöpf.

Es war Hans, als kniete er neben einem guten Vater und Lehrer, und er bat ihn, daß er ihn beten lehre. Bruder Klaus war ja ein Meister des Gebetes, ähnlich den alten Wüstenvätern, ein großer Weiser, wie sie nur selten über diese Erde gehen. Bruder Klaus, der einst als Bauer die Scholle bebaut und die Herden gehütet, Bruder Klaus, der ein liebender Gatte war und zehn Kinder sein eigen nannte, er hatte alles hingegeben, um dem Ruf des Herrn zu gehorchen. Ein Mann von fünfzig Jahren, angesehen, begütert, beliebt. Hans ward erschüttert bei solchen Gedanken. Diese dunkle Zelle hier hatte er damals vertauscht mit der trauten, von Kinderlachen erfüllten Stube, dieses Brett hier oder der Fußboden wurden sein Lager. Wie klein kam er sich vor, der junge Student, wie armselig schien ihm sein Opfer! Aber war es nicht, als legte Bruder Klaus ihm seine Hand auf die Schulter wie ein guter, besorgter Vater, als wollte er sagen: Gott gehorchen ist das Größte im Himmel und auf Erden. Gib ihm deinen ganzen Willen, dann wird alles gut.

Lange kniete Hans im kleinen Heiligtum. Getröstet, beglückt, gestärkt verließ er es, um heimzuwandern zu Vater, Mutter und Geschwistern. Und hier strömte sein inneres Glück auf die ganze Familie.

,,Ja, ja, wenn wir Bruder Klaus nicht hätten, ich weiß nicht, wie es um dich stünde, Hans'', konnte die Mutter etwa sagen.

,,Wir haben ihn aber, Mutter, und er sorgt ja wie ein Vater für mich!'' Solche Worte kamen aus dem Herzen des Studenten. Und wie glücklich fühlte er sich wieder im Bruderklausenland! Fröhlich bestieg er morgens sein Velo, um nach Sachseln zu fahren, wenn noch alles still war im Tal, niemand ihm begegnete, nur etwa ein Bauer an einem Brunnen stand und ein früher Fischer auf dem See ruderte. In jenen Kriegszeiten hetzten keine Autos vorüber, dafür hörte man aus der Höhe hin und wieder das unheimliche Brummen der großen Bomber, und es kam vor, daß plötzlich von Sarnen und von Sachseln das laute Heulen der Sirenen ertönte. ,,Jetzt, Bruder Klaus, sorge für uns und breite deine Hände wieder über unser ganzes Land!'' bat Hans Amstalden. Und er glaubte fest, daß diese Vaterhand Macht genug besäße, die Flugzeuge abzulenken von der lieben Heimat; durfte sie doch groß und glänzend am Himmel ercheinen in jener ernsten Stunde 1940, als am Rhein schon die fremden Heere standen, um uns zu überfallen. Und Hans konnte hierauf am Grab des Heiligen beten wie ein Kind in der Geborgenheit des Vaters. Oft diente er dem Bruderklausenkaplan bei der heiligen Messe. Und es mag in einer solch stillen, andachtsvollen Morgenstunde gewesen sein, als Hans mit dem Vizepostulator und spätern Regens am Churer Priesterseminar, Werner Durrer, ins nähere und vertraute Gespräch kam und mit großem Glück im Herzen heimkehrte: Ich habe meinen geistlichen Vater gefunden. Bruder Klaus hatte auch hierin für seinen Sohn gesorgt. Welch frohe Stunden durfte er von nun an erleben im heimeligen ,,Balmacher'' ob der Kirche, wo der Bruderklausenkaplan seine Klause hatte, zu der viele Arme und Hilfesuchende den schmalen Weg aufwärts stiegen, an der Haustüre im ,,Vorläubli'' läuteten und nie umsonst warteten, bis ihnen geöffnet wurde.

Nach Jahresbeginn 1944 fing Hans ernsthaft an zu kränkeln. Schwerer und schwerer wurden die Nächte, und es kam der Morgen, da er sich eingestehen mußte, daß es so nicht mehr weitergehe.

Es war ein trüber Märztag, als man im »Wyer« die überraschende Nachricht erhielt, der Sohn Hans sei im Kreuzspital Chur operiert worden. Gut ist es, daß Gott die Zukunft nicht offenbart und sie mit barmherzigen Schleiern verhüllt. Bruder Klaus wurde bestürmt mit dem Vertrauen des Mutterherzens und dem verschwiegenen, kummervollen Gebet des Vaters.

Hans erholte sich dann soweit, daß er das Studium wieder aufnehmen konnte und bis zu den Sommerferien durchhielt. Es wurde ihm auf der Heimfahrt ins liebe Obwaldnerland schon leichter und wohler, und er glaubte fest, in dieser Luft wieder zu erstarken. Am ersten schönen Julimorgen verließ er das Tal und wanderte langsam bergauf wie schon als Schulbub, nur daß es ihn jetzt mehr Mühe kostete. Die Käsernalp war sein Ziel. Da blieb er nun, ruhte, betete, betrachtete die herrliche Welt. Bald sang er wieder mit seiner hellen Stimme die schönen alten Lieder. Wenn hie und da vom »Wyer« jemand heraufkam, fanden sie wieder den frohen Hans mit seinem lieben Lächeln und einem Spaß auf den Lippen. Er fühlte neue Kräfte, als er die Alp verließ, um die letzten schönen Herbsttage im lieben Vaterhaus zu verbringen. Und man sah ihn wie einst auf die Leiter steigen, um das Obst zu pflücken, und hörte, wie er die Geschwister vom Baum herunter fröhlich neckte. Und wenn die Mutter mit zufriedener Miene unter die Haustüre trat, um den Herbstsegen zu betrachten, konnte er ihr den größten Apfel zuwerfen. ,,Ja, ja, Gott Lob und Dank für alles'', meinte sie, ,,wir können's brauchen und andere Leute auch.''

Aber schon 1945 fühlte sich Hans wieder krank. Er konnte immerhin das Studium durchhalten.

Wer von seinen Studienkollegen hätte ermessen können, wie ernst sein Zustand war? Immer sahen sie ihn ruhig, gelassen, fröhlich, mit seinem feinen Lächeln im schmalen Gesicht. Vielleicht, daß das Auge seines Regens tiefer blickte. Diesem weisen, erfahrenen Priester fiel immer mehr die Reife und Tiefe des jungen Theologen auf. Und ganz im geheimen beobachtete er ihn intensiver als die andern, in der Erkenntnis, daß Hans Amstalden ein besonders Auserwählter unter seinen Anvertrauten war. Mit welcher Innigkeit und Sammlung konnte er beten! Und schien es nicht, als verklärte dann ein übernatürliches Licht das blasse, junge Gesicht? Woher diese Tiefe? Fast immer ist es einzig das Leiden, welches eine Seele derart umzuformen vermag. Welche Geheimnisse, wenn der Heilige Geist der Lehrer einer Seele wird! Ist es nicht, als verwandle sich das Ruderschifflein des Lebens, das bis dahin mit so großer eigener Anstrengung langsam vorwärts getrieben wurde, plötzlich in ein Segelschiff, das durch das Wehen des Heiligen Geistes mühelos und leicht voran eilt? Ist es nicht, als spüre man schon die Gaben des Heiligen Geistes in dem jungen Mann deutlich wirksam werden? — Auch ein junger Mensch kann schon weise und reif sein durch die Gnade Gottes. Gott zählt oft ganz anders als wir.

Als Hans 1945 in die Ferien heimkam, hatte er schon die niederen Weihen empfangen. Der erste Ausflug war wie immer ein Gang in den Ranft. Auch die Mutter war dabei. Jedes hatte seine Geheimnisse dem heiligen Bruder Klaus anzuvertrauen. Ob es nicht dieselben waren, ohne daß man davon sprach? Hans flehte um Hilfe, daß doch der Ausbruch der Krankheit, die er in sich trug, so lange aufgehalten werde, bis er die Diakonatsweihe empfangen habe; wußte er doch, daß im gegenteiligen Fall sein Priesterberuf für immer verunmöglicht würde. Die Mutter betete im gleichen Sinne, nur daß Gott ihr die nahe deutliche Gefahr barmherzig verhüllte. Sie bat aus der Liebe und Tiefe ihres Mutterherzens, daß Hans sein Ziel erreichen könne.

Dann war alles gut. Hans erholte sich anscheinend, war derselbe liebe Sohn, für alle ein Sonnenschein, half mit in Feld und Garten und hatte sogar das Kuchenbacken nicht verlernt ob all der hohen Wissenschaft. Und als er im Oktober wieder Abschied nahm von daheim, vom farbenprächtigen Obwaldnerland, und seinen Gruß nochmals hinaufsandte zum Flüeli, rief ihm die Mutter nach: ,,Wenn du wiederkommst, bist du, so Gott will, Diakon.'' — ,,Ja, sagt's dem Bruder Klaus alle Tage'', gab er zurück. Dann fuhr der Zug ab, ein frohes Winken, ein wehmütiger Blick!

Noch strenger und ernster wurde das Studium vor der Diakonatsweihe. Bruder Klaus hatte es sich nicht umsonst sagen lassen, er möge Hansens Krankheit zurückhalten. Obwohl der Seminarist wirklich krank war, fand er doch Kraft genug zum Durchhalten. Es kam die traute Adventszeit mit ihren sehnsuchterfüllten Gebeten. ,,Herr, erwecke deine Macht und komm!'' — ,,Nahe ist der Herr allen, die nach ihm rufen!'' Und Maria, die hochheilige Gottesgebärerin, sie war ihm so nahe, ihrem Auserwählten. Noch nie hatte er ihre Nähe in solchem Maße spüren dürfen.

Am Quatembersamstag vor dem vierten Adventssonntag begann in der ehrwürdigen Seminarkirche von Chur in der Morgenfrühe der feierliche Gottesdienst. Während des Wortgottesdienstes wurden den jungen ernsten Männern von Bischof Dr. Christianus Caminada die niederen Weihen gespendet. Zuletzt fand die Weihe der Diakone statt. Hans zitterte innerlich vor Dank und Freude, als er des Bischofs Hand über sich ausgestreckt sah. Und im halbdunklen Heiligtum betete eine seiner Schwestern, als Vertreterin der Lieben zu Hause, mit ihm den Herrn an.

Die große Prüfung

In Sachseln wurden die ersten Vorbereitungen für die Heiligsprechung unseres Landesvaters getroffen. Immer wieder hörte man von der Kanzel das Wort: ,,Es braucht viel Gebet und Opfer vor einem solchen Ereignis, denn eine Heiligsprechung rettet viele Seelen und ist der Hölle schrecklich.'' Der geistliche Vater des Hans Amstalden, Werner Durrer, gönnte sich keine Ruhe. Wir gingen ja einer heiligen Zeit entgegen, und das Volk mußte vorbereitet werden, mußte zur Erkenntnis gelangen, was für große Gnaden ein so außergewöhnliches Ereignis mit sich bringt. Das Jahr 1947 sollte ja für das ganze Schweizervolk ein Jahr der inneren Erneuerung und des Dankes werden nach dem schrecklichen Krieg, der unsere kleine Friedensinsel umtobt hatte. Messen und Freudenhymnen wurden eigens komponiert. Feine Frauenhände arbeiteten in den Klöstern an den kostbaren kirchlichen Festgewändern. In Sachseln begann man die Häuser herauszuputzen, daß ihre alten Gesichter in neuer Jugend glänzten. Aber das alles war nur die Außenseite der Vorbereitungen. ,,Viel Gebet und viele Opfer sind notwendig.'' Das Wort drang tief in manche Seelen ein.

Der neugeweihte Diakon Hans Amstalden machte sich auf die Heimreise in die Weihnachtsferien. Tief im Herzen trug er nun die Gewißheit, daß kein Mensch ihm nach dieser letzten Weihe ein Hindernis in den Weg zum Priestertum legen könne. Und diese Sicherheit erfüllte ihn mit einem unaussprechlichen Frieden, obwohl er sich recht elend fühlte. Die Heimfahrt wurde zur Qual. Krank betrat er sein Elternhaus, obwohl sein frohes Lächeln wie immer um die Lippen lag. ,,Bruder Klaus hat mich buchstäblich erhört'', sagte er zur Mutter, ,,er half mir aushalten, bis ich Diakon war. Um das hab' ich im Ranft damals gebetet.''

,,Er wird dir wieder weiterhelfen, bis du Priester bist'', tröstete die Mutter, obwohl sie das Schwert im Herzen spürte, denn einem Mutterauge kann der Kummer eines Kindes nicht entgehen, auch wenn dieses Kind ein Mann geworden ist und großmütig sein Leiden verbergen will. Sie waren ja alle so froh, daß Hans wieder da war. O selige Adventstage! Er übte mit ihnen wieder wie früher die lieben, alten Weihnachtslieder. Er band eine Schürze um und half der Mutter beim Backen. Er bereitete die Krippe und den Christbaum. Und als der Heilige Abend kam und die Familie beisammen saß, wie betete er so schön vor dem menschgewordenen Sohn Gottes in der Krippe. Sie fühlten den Segen, der von ihm ausging. Dann sangen sie alle und freuten sich an der Liebe, mit der die kleinen Geschenke hergerichtet worden waren.

Es kam der Silvesterabend, der jedes Jahr im »Wyer« fröhlich gefeiert wurde. Hans konnte seine Krankheit nicht mehr verbergen. Er mußte sich niederlegen, und am Neujahrstag 1946 fand er nicht mehr die Kraft zum Aufstehen.

„Jetzt, Bruder Klaus, gibst du mir kein leichtes Neujahrsgeschenk", sagte er zu seinem großen Vater. Der Arzt wurde gerufen. Hans mußte ins Krankenhaus Sarnen, das nicht weit vom Vaterhaus entfernt lag, jetzt aber doch wie durch einen dunklen Abgrund getrennt schien. Er war sich seines ernsten Zustandes schon ziemlich bewußt. In Sarnen wurde er vorläufig genau beobachtet, und Dr. med. St. setzte sich in Verbindung mit dem Churer Arzt, der schon 1944 den ersten operativen Eingriff durchgeführt hatte wegen einer sarkomartigen Geschwulst des linken Brustfells. Dann kam der Bericht, Hans müsse sich in Luzern einer zweiten Operation unterziehen. Das waren dunkle Stunden im »Wyer« zu Beginn des Jahres 1946. Auch der geistliche Vater im „Balmacher" ob der Sachsler Kirche dachte Tag und Nacht an seinen geistlichen Sohn.

In dieser Herzensnot wandte sich Emmi, die Schwester des Kranken, an den Arzt. Mit bangem Herzen stellte sie die Frage: „Haben Sie noch Hoffnung für Hans? Sagen Sie mir die Wahrheit!"

Er schaute sie lange an.

„Bitte, sagen Sie mir aufrichtig, was Sie denken."

Dann kam das niederschmetternde Wort aus dem Munde des Arztes.

„Ich habe keine Hoffnung."

„Nein, Herr Doktor, das darf nicht sein, das kann nicht sein. Hans will doch Priester werden! Jetzt muß Bruder Klaus ein Wunder wirken!" Ganz aufgeregt und unter Tränen brachte Emmi diese Worte über die Lippen.

„Das ist nicht meine Sache. Ich kann nur von meinem Standpunkt aus urteilen."

Traurig und sachlich tönte des Arztes Stimme.

Der Bericht ging sofort nach Sachseln und nach Chur.

„Jetzt muß Bruder Klaus uns helfen. Wir beginnen einen Gebetssturm, wir alle zusammen", war der Entschluß des Bruderklausenkaplans.

Der Gebetssturm begann. Die Studenten in Chur samt den Professoren machten mit, die Eltern daheim und alle Geschwister, der gute geistliche Vater in Sachseln, Verwandte und Bekannte. Alle vereinigten sich im Gebet. Während in Luzern der bekannte Chirurg Dr. August Lehner und seine Assistenten den Tumor von der Lunge entfernten und Hans wie ein Lamm auf der Schlachtbank lag, während die Ärzte mit äußerster Konzentration arbeiteten, flehten seine Getreuen alle innig um das kostbare Leben.

„Bruder Klaus, er ist dein Liebling. Laß ihn doch noch Priester werden! Erbitte ihm Verlängerung des Lebens. Zeige deine Fürbittmacht am Throne Gottes!"

Als seine nächsten Angehörigen ihn zum erstenmal besuchen durften, kam er ihnen vor wie ein Märtyrer. Aber keines vernahm eine Klage von seinen Lippen, und ganz fein zeichnete sich auch schon wieder sein einzigartiges Lächeln um seinen Mund ab.

Was dachte der Kranke? Er war sich seines Zustandes klar bewußt. Er kannte nur ein Wort: „Gottes Wille soll geschehen. Wenn er will, daß ich Priester werden darf, ist er mächtiger als alle Ärzte." Seine Gedanken — wenn er überhaupt vor Schwäche denken konnte — waren einzig Gebete. Jetzt wußte er, welch bitterer Ernst in den Worten liegt, die Bruder Klaus betete:

„Mein Herr und mein Gott, nimm alles von mir,
was mich hindert zu dir.

Mein Herr und mein Gott, gib alles mir,
was mich fördert zu dir.
Mein Herr und mein Gott, nimm mich mir
und gib mich ganz zu eigen dir."

Auch die Seinen hatten die Schwere und Tiefe dieses Gebetes wohl noch selten so erfahren wie jetzt. Und doch hofften sie wider alle Hoffnung. Gott ist so groß, so mächtig, so unendlich gut und läßt sich herab zu jenen, die ihn kindlich lieben und mit unbegrenztem Vertrauen sich ihm nahen. Er wartet nur auf den Augenblick, da die Seele ganz losgelöst ist von sich selbst und den Geschöpfen; dann kommt er, um sie mit seiner unendlichen Liebe und Barmherzigkeit ganz auszufüllen. Ob er, der Allmächtige, schon jetzt diese Seele vom irdischen Dasein befreien wollte, um sie auszufüllen mit der neuen, nie endenden Herrlichkeit?

,,Aber, Herr, du weißt doch, daß Hans Priester werden will, einzig und allein zu deiner Ehre, und um dir Menschen zuzuführen", so flehte der geistliche Vater. ,,Herr, nimm sein Leiden an als Kaufpreis für viele, viele Seelen und für alle, die ihm, wenn er Priester ist, begegnen sollen. — Herr, du hast ihm Bruder Klaus zum besonderen Vater gegeben. Laß ihn nun helfen wie ein Vater. Verherrliche unsern Bruder Klaus und zeige, daß er uns im Himmel nicht vergißt!"

In Menzingen opferte die Klosterschwester des Kranken all ihre Arbeit, die vielen Mühsale, all ihr Beten für den treugeliebten Bruder auf. Mit nassen Augen las Schwester Dosithea noch einmal den Brief, den er ihr vor seiner Diakonatsweihe voll Freude geschrieben. Wie können wenige Wochen in einem Menschenleben so schicksalsschwere Änderungen herbeiführen!

„Schnell will ich Dir noch melden, daß ich in den heiligen Exerzitien bin, die am 22. Dezember mit der Diakonatsweihe abgeschlossen werden. Wie freue ich mich darauf! Doch braucht es viel, viel Gebet dazu, und ich danke Dir, daß Du mich unterstützest. Alle Lieben daheim sind voller Freude, daß der Liebe Gott mich gewürdigt hat, die Diakonatsweihe zu empfangen. Heute durfte ich schon während dem Hochamt unsern lieben Herrn und Heiland in die Hände nehmen, um alle, die mühselig und beladen zu ihm kamen, mit seiner eigenen Speise zu erquicken.

Das waren wirklich schöne Augenblicke, das Christkind auf der Hand zu tragen wie Maria und wie die Hirten, ja wie die drei Könige aus dem Morgenland. Bete für mich, daß ich auch so heilig werde wie sie ...“

So hatte er erst noch geschrieben, der teure Bruder Hans. Und jetzt lag er entkräftet, schmerzlich gemartert im Spital. Aber das Christkind, das er mit inniger Liebe „auf der Hand getragen“, trug in seinen allmächtigen Händlein sein kostbares Leben. Hatte er doch als Büblein schon voll kindlicher Liebe vor dem „Sarner Jesuskind“ gebetet und nie an seiner Wundermacht gezweifelt. Drei Wochen waren vorüber, Hans lebte noch. Woche um Woche kam und ging, und man konnte eine langsame Genesung feststellen. „Fast wie ein Wunder“, sagten alle Lieben.

„Bruder Klaus will mich doch Priester werden lassen“, ahnte die Seele des dem Tode Entrissenen.

„Bruder Klaus, darf ich dein jüngster Sohn sein, der dir zur Heiligsprechung gratuliert? Darf ich wieder heim ins Obwaldnerland? Darf ich dir im stillen Ranft danken? Werde ich je wieder auf deine Alp Klysterli steigen, um laut zu singen? Darf ich wieder vor der Madonna im Melchtal beten? Und darf ich wieder wandern, wandern auf die Berge, darf ich wieder in der untergehenden Sonne den Bergkristall glitzern sehen, wie an jenem Septemberabend? Darf ich wieder den würzigen Duft der feinen Alpenblumen einatmen und noch einmal den Betruf singen, wenn die Felsen glühen und das Tal im Schatten liegt? Darf ich wieder ...?"

Diese große, tiefe, freudige Hoffnung trug wohl mehr zur Genesung bei als die Medikamente. Und jedesmal, wenn jemand von zu Hause auf Besuch kam, konnten sie feststellen, daß des Kranken Stimme wieder kräftiger sei, oder daß seine Blässe um ein klein wenig nachgelassen habe, und vor allem erkannten sie seinen neuen Lebensmut.

Am meisten freuten sich wohl Vater und Mutter, die ja um ihren Sohn so sehr gelitten hatten. Es kam ihnen vor, als sei er zum zweiten Mal geboren, nur daß diese Geburt viel schmerzlicher sich vollzogen als die erste; um so geistiger war die Freude.

Und noch einer dankte mit glühender Liebe und Ehrfurcht vor dem Bruderklausengrab für die Rettung: der geistliche Vater. Wohl niemand verstand die tiefgreifende Prüfung besser als er.

Die Prüfungszeit dauerte aber noch lange, lange. Und es gab wieder Stunden, da man um das teure junge Leben bangen mußte. Hans aber wankte nicht im Vertrauen. Eine Gewißheit, die er nie mehr, auch in den schwersten Augenblicken nicht verlor, sagte ihm, daß er den Tag der Priesterweihe erleben dürfe.

Er lag noch im Spital, als der Frühling erwachte. Er lernte wieder die ersten langsamen Schritte wie einst als

Kind, und als die Mutter wieder einmal kam, meinte er: „Mutter, ich bin wieder dein kleiner Hansli, der laufen lernt."

Wie atmete er auf, als er zum ersten Mal in der frischen Luft einen ganz kleinen Spaziergang machen durfte, von einer Bank im Park zur andern. Er hätte laut singen mögen, aber das ging ja nicht an, und die Kraft dazu fehlte auch. Aber im Innern jubelte er seinen Lobgesang:

„Großer Gott, wir loben dich,
Herr, wir preisen deine Stärke.
Vor dir neigt die Erde sich
und bewundert deine Werke.
Wie du warst vor aller Zeit,
so bleibst du in Ewigkeit."

Und er bestaunte diese Werke, als sähe er sie zum ersten Mal: die im Wind zitternden Grashalme, die feinen Frühlingsblumen, ihre Farben, ihren Duft. In der Ferne die blauen, die heißgeliebten Berge. Dort hinter ihnen lag ja die liebe Heimat, das kleine schöne Obwalden, wo die Lieben für ihn arbeiteten und beteten, wo der heilige Bruder Klaus gleichsam durchs Land ging von Haus zu Haus, um den Frieden zu bringen in alle Herzen und mit den Engeln das Böse zu vertreiben.

„Alles, was dich preisen kann,
Cherubim und Seraphinen,
stimmen dir ein Loblied an.
Alle Engel, die dir dienen,
rufen dir stets ohne Ruh:
Heilig, heilig, heilig zu!"

Der Lobgesang war gleichsam die Ouvertüre zu seinem neuen kurzen Leben, das so reich werden sollte „an Gnade und Weisheit vor Gott und den Menschen". Es wurde Mai, als Hans vom Kantonsspital Luzern Abschied nahm und allen dankte, wie nur er danken konnte mit seinem seelenvollen Lächeln, mit seinem reinen Blick, diesem Spiegel einer ungetrübten Seele. Er durfte die Heimat mit ihren Bergen, die er so sehr liebte, wiedersehen.

Nach kurzem, innigfrohem Wiedersehen im trauten »Wyer« fuhr man mit ihm hinauf in die Berge auf die „Käsern-Alp". Mutter Frunz hatte in ihrem Ferienhäuschen für den lieben Gast das schönste Zimmer hergerichtet und geschmückt und schüttelte mit herzlichem Willkommgruß die feinen, schmalen Hände, kritisch das blasse Gesicht betrachtend. „Diese Backen müssen bald anders aussehen", meinte sie. Und sie sahen auch nach einiger Zeit anders aus. Heimatluft, Bergweiden, Höhensonne, gute Menschen, alles half zum Aufblühen des Genesenden. Im geheimen hoffte er immer noch, mit seinen Studienkollegen gemeinsam die Priesterweihe empfangen zu können. Mit dieser Hoffnung reiste er noch vor den Sommerferien nach Chur, mußte aber bald einsehen, daß seine Kraft noch nicht ausreichte für die großen Anstrengungen, welche an Körper und Geist des werdenden Priesters gestellt wurden.

Der Termin wurde hinausgeschoben und damit ein neues Opfer den vielen schon gebrachten beigefügt.

Hans reiste wieder heim nach Obwalden und kehrte neuerdings auf die „Käsern-Alp" zurück. Nun fand er ja Zeit für lange, glückliche Exerzitien zur Vorbereitung auf die Priesterweihe, die um einige Monate verschoben werden mußte.

Er erkannte darin den Willen Gottes, der ihn bis zu diesem Tag geleitet hatte. Er nahm sich vor, sein Herz für den göttlichen Hohenpriester mit größter Sorgfalt zu bereiten. Und er durfte erfahren, daß seine Seele, die durch so tiefe Leiden geläutert worden war, in der Freude des Heiligen Geistes voll und ganz aufblühen durfte und befähigt wurde für große Erleuchtungen und Erkenntnisse. In diesen langen, herrlichen Berg-Exerzitien fand er einen ganz einzigartigen Freund, der ihn stetsfort begleitete, wenn er über die Weiden und durch die Wälder wanderte. Es war Kardinal John Henry Newman. Seine Schriften fanden immer Platz in der Rocktasche oder im Rucksack. An einem stillen, einsamen Plätzchen, unter einer zottigen Bergtanne, wo kein Menschenlaut zu hören war, ließ er sich nieder und vertiefte sich in die wunderbaren Gedankengänge dieses großen Mannes, der wohl wie selten einer das Geheimnis des Priesters in seiner unerhörten Gnadenfülle erfaßt hatte. Und dann wurde sein Denken zum Gebet, und er erkannte immer mehr, daß die Fügung Gottes, die ihm diese stille Zeit geschenkt, ein ganz großes Geschenk war. Die Worte Newmans von der Ergebung in Gottes heiligen Willen vergaß er nie mehr, und er betete mit ihm: ,,Du hast alles auf das Weiseste angeordnet und weißt, welches mein Schicksal im ganzen Verlauf meines Lebens bis zum Tode sein wird.''

Als die Tage kürzer wurden und der Herbst kam, verließ Hans die ihm lieb gewordene Alp. Er fühlte sich nun zur Fortsetzung des Studiums gestärkt, wenn er auch die normale Kraft eines jungen Mannes nie besitzen würde.

In Sachseln erwartete ihn der geistliche Vater mit großer Freude. Noch manch frohe Tage durfte er im trauten ,,Balmacher'' verbringen, so nahe beim Bruderklausen-Heiligtum. Viel hatte er ja zu danken, zu beten

Hans Amstalden mit einem Polenkind auf der Aelggi-Alp

Auf einer Bergtour mit Vater und ältester Schwester

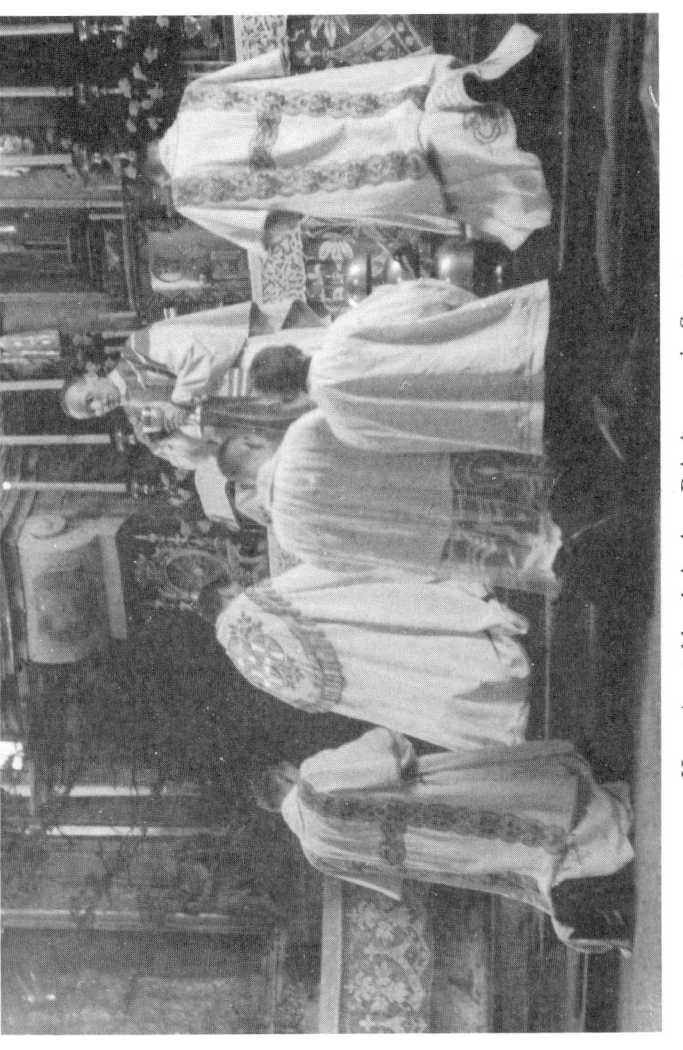

Hans Amstalden bei seiner Primizmesse in Sarnen

Hans Amstalden als Primiziant am 1. Januar 1947

und zu erflehen beim lieben Bruder Klaus, der ihm in besonderer Weise von Jugend auf seine väterliche Liebe erzeigt hatte, und durch dessen Fürbitte ihm gleichsam zum zweiten Mal das Leben geschenkt worden war.

Als der Rosenkranzmonat da war, kniete Hans noch einmal im Heiligtum der lieben Mutter Gottes im Melchtal, wo er schon viele Gnaden empfangen hatte. Bei ihr, der Mutter der Barmherzigkeit, der Mutter der Gnaden, fühlte er sich ja ganz daheim. Sie mußte ihn mehr denn je leiten und stärken und durfte ihn keinen Augenblick verlassen, jetzt, da er jenem Tag entgegenging, den er von Kindheit auf ersehnt hatte. Und kniete nicht Bruder Klaus neben ihm? Stellte nicht dieser gute Vater ihn gleichsam als seinen jüngsten Sohn der Himmelskönigin vor, den Sohn, den er zum Altar begleiten wollte, wenn das Jahr seiner Heiligsprechung und Verherrlichung anbrechen würde?

Der Abschied war diesmal voll Hoffnung. ,,Wenn ich wiederkomme, liebste Mutter, bring' ich zu deiner Ehre das heilige Opfer dar!'' So jubelte seine Seele.

,,Wenn ich wiederkomme ... O welche Freude!''

Priesterweihe

1946 — Adventsstille über dem lieben Obwalden. Damals spürte man diese Stille noch, erlebte sie, hatte Zeit, sich zu sammeln. Mutter Amstalden trug ein Glück im Herzen, unvergleichlich größer und tiefer als vor Jahren, da sie das Kind erwartete. Aber dieses tiefe Glück war ja mit noch viel intensiveren Leiden erkauft worden als jenes der Mutterschaft. Hans bereitete sich auf die Priesterweihe vor, ihr Kind, ihr Sohn, der gleichsam zum zweiten Mal mit geistigen Schmerzen Geborene, Hans, der wie durch ein Wunder noch am Leben bleiben durfte.

Am frühen Morgen, wenn das Dorf noch schlief und nur da und dort die Stuben erhellt waren, wanderte Mutter Amstalden, ob die Sterne noch am Himmel standen oder ob Nebel sie einhüllte, dem Kapuzinerkloster zu. Wie innig betete sie auf dem Weg den Rosenkranz. In der dämmerigen Kirche kniete sie beim heiligen Meßopfer und erflehte für Hans Kraft und Gnade. Sie wußte ja, wie geschwächt sein Körper war, wie er, menschlich gesehen, beinahe unmöglich den Anstrengungen der kommenden Zeit gewachsen war. Aber ihr Vertrauen war grenzenlos, und immer wieder sagte sie: ,,Mir kommt es wie ein Wunder vor, daß Hans lebt. Gott will gewiß, daß er Priester werde.'' Das glaubten auch Vater und Geschwister und jene, die ihnen nahestanden. Es nahte der herrliche Tag der Priesterweihe. Schon lange wurde der Fahrplan für die Reise nach Chur studiert. Und die befreundete Damenschneiderin, das ,,Chruseli'', welches einst die Ferientage auf dem ,,Siweliboden'' verbracht hatte, mußte fleißig arbeiten, um die Mutter und die Schwestern mit Festtagskleidern auszustaffieren. Der Vater und die Brüder sollten auch neu gekleidet werden. Das war ein Ereignis für die einfache Frau Amstalden, die jahraus, jahrein zufrieden war mit dem Alten. Zwar brauchte man für die Reise nach Chur noch keine Festtagskleider, aber hernach bereitete ja die Pfarrei Sarnen sich auf die Primiz des Neugeweihten vor, und dieses Fest ist das größte, das in einer Familie gefeiert werden kann. Und da kam es ihnen allen vor, es gehe zu wie beim

Gastmahl im Evangelium, wo die Geladenen im hochzeitlichen Gewand erscheinen mußten. Das allerkostbarste und schönste Festkleid, das der Neupriester selber an seinem Ehrentag tragen sollte, wurde von den zarten Händen der Melchtaler Schwestern mit Gold bestickt.

Eines Tages brachte der Briefträger ein großes Kuvert. Es zitterten die Hände der tapfern Mutter Amstalden, als sie es öffnete. Viele Schmerzen, viele Sorgen, Kummer und Nöte hatte sie in ihrem Leben ertragen, ohne zu weinen. Jetzt aber, da sie sich freuen sollte, als sie die Einladung zur Priesterweihe in ihren Händen hielt, wurden ihre Augen naß. Tropfen um Tropfen rann über ihre Wangen, als sie den Brief ihres geliebten Sohnes las. Er war für sie geschrieben, ganz allein für sie, und sie spürte wie noch nie, daß kein Mensch ihrem Hans näherstand als sie. Langsam las sie Wort für Wort:

Chur, im Advent 1946

Meine liebe Mutter, Priestermutter!

Wie hat Dein Mutterherz diesen Tag herangewünscht, den Priesterweihe-Tag. Du wirst ihn bald sehen und Dich freuen. Du wirst beten und danken, danken für die große Güte Gottes, danken und beten zugleich, daß Christus mich alle Tage führe und leite zum Segen und Heil unsterblicher Seelen. — Der göttliche Heiland, mein Freund — denn so darf ich ihn nach der Priesterweihe nennen —, vergelte Dir alle Mühe und Arbeit nach seinem Maße. Gesegnet werde Dir meine Empfängnis, gesegnet meine Geburt, gesegnet das Opfer meiner Erziehung zum Priester. Damit sollen gesegnet werden Deine letzten Lebensjahre, gesegnet Dein seliges Sterben, gesegnet werden Dein ewiges Erwachen im Himmel.

Meine liebe Priestermutter, nimm als bescheidenes Zeichen meiner Dankbarkeit mein Gebet und meinen Primizsegen vom Weihealtar entgegen. Zuvor aber schreibe mir noch ein Briefchen. Es würde mich nicht wenig freuen.

Möge Dich der liebe Gott noch lange bei guter Gesundheit erhalten und Dir jene Gnaden geben, die Dein Streben nach Vollkommenheit fruchtbar gestalten.

In der Liebe Christi und Maria grüße ich Dich, und es bittet weiter um das Gebet

Dein Sohn Hans, Diakon.

Noch einmal und wiederum las sie die Zeilen, dann faltete sie sorgfältig den teuren Brief und legte ihn unter die Muttergottesstatue. Bis zum Tode wollte sie ihn wie ein Heiligtum im Verborgenen aufbewahren.

Fast zur selben Stunde durfte auch ihre älteste Tochter Marie, die Menzinger-Schwester, einen von Freude und Gnade erfüllten Brief ihres Bruders lesen. Er schrieb ihr:

,,Meine liebe Sr. Dosithea!

Schon monatelang wirst Du mit großer Sehnsucht diesen Brief erwartet haben. Nun geht Deine Hoffnung in Erfüllung. Nach dem schmerzlichen Fiat folgt ein beseligendes Magnificat, nach der Prüfung kommt die Bewährung und nach dem Kreuz leuchtet die Krone. Du weißt schon, was ich damit sagen will.

Ich finde keine Worte, meine Freude auszudrücken, die mich beseelt, seitdem ich weiß, daß ich am 21. Dezember 1946 hier zum Priester geweiht werde. Es ist kaum faßbar und doch wahr. Freue Dich daher mit mir und danke auch Du dem lieben Gott für dieses unverdiente Geschenk. In der Weihnachtszeit Priester zu werden — ist das nicht etwas auserwählt Schönes? Bete daher weiter für mich um gute und starke Gesundheit, besonders aber dafür, daß ich heilig ins heilige Priestertum eingehe ..."

Ja, es ist kaum faßbar, das wunderbare Geheimnis des Priestertums. Nur ein Herz, nur eine Person gibt es, die dieses Geheimnis versteht, jene Person, die in ihrer unendlichen Liebe eine solch einzigartige Berufung armseliger Menschen ausgedacht hat, die Person des göttlichen Meisters.

„In der Weihnachtszeit Priester zu werden — ist das nicht etwas auserwählt Schönes?"

Während Hans in die Stille der Exerzitientage einging und im Geiste Maria und Josef nach Bethlehem begleitete, wo sie und er als Priester den Sohn Gottes den Menschen schenken würden, bereiteten sich Eltern und Geschwister auf die Reise nach Chur vor.

Obwohl es Winter war und kalte Winde übers Land fegten, war niemand glücklicher als Vater und Mutter Amstalden, als endlich der 20. Dezember anbrach. Eine Reise nach Chur war an und für sich schon ein Ereignis, und erst noch diese Reise! Am Vorabend richtete die Mutter alles her, und der Vater schaute mehrmals in die „Tschopen"-Tasche, ob er auch genügend Geld darin versteckt habe. Lange hatte man ja auf dieses Fest hin gespart und drehte den Franken nicht zweimal um für den größten Ehrentag des Sohnes und der ganzen Familie. Obwohl sie sich früh zur Ruhe begaben, fanden sie doch den Schlaf nicht. Immer wieder tauchten neue Erinnerungen auf. Der Vater erzählte gerne, wie er mit Hans über die Berge gewandert sei. Der Mutter Gedanken gingen viel weiter zurück, zu jenem Bruderklausenfest 1921, da der kleine Hansli ihnen geschenkt worden war, und wie sie damals erfüllt gewesen von einem unsagbaren Glücksgefühl wie sonst nie.

Und dann sprachen sie von den schweren Prüfungen und von der großen Liebe und Macht des heiligen Bruder Klaus, der ihnen den Sohn dem Tode entrissen. Ja, was die vier Wände dieser Kammer schon alles gehört hatten in den vielen Jahren, wurde nun gleichsam ein Magnificat zweier Menschen, die durch so viele tiefe Geheimnisse der Vater- und Mutterschaft verbunden waren.

Spät war es geworden, als endlich Stille eintrat für einige Stunden.

Es war ein kalter, klarer Wintermorgen. Als das Tal noch schlief, war das Leben im »Wyer« schon erwacht. Rasch wurde die notwendige Arbeit getan. Dann ging's auf die Reise. Von da und dort kamen die Geschwister zusammen, sie waren ja längst nicht mehr alle zu Hause.

Chur, die alte Bischofsstadt, leuchtete in der hellen Wintersonne, als die große Familie einfuhr und ein Quartier bezog.

Noch war die herrliche Kathedrale an jenem Morgen des 21. Dezember 1946 in Dunkel gehüllt. Adventsstille außen und innen. Dann fingen die Glocken zu läuten an. Kerzen leuchteten auf, es wurde hell und heller. Jetzt zogen sie ein in den Chor, Bischof, Priester, Diakone, Subdiakone, die drei Auserwählten, welche das große Sakrament der Priesterweihe empfangen sollten. Dort stand Hans, bekleidet mit der weißen Albe, das gefaltete Meßgewand auf dem linken Arm, in der rechten Hand eine brennende Kerze. Schmal und bleich war sein Gesicht, aber wie verklärt vor Freude, so jung und doch so reif. Was mußte in ihm vorgehen in dieser Stunde, auf die er

70

seine ganze Jugendzeit ausgerichtet hatte. Er, der schon so nahe dem Tode stand, wie war sein kindliches Herz erfüllt von Dank und Freude. Es war jene reine, lautere Freude, die nur der Heilige Geist schenken kann. ,,Nach dem schmerzlichen Fiat folgt ein beseligendes Magnificat.'' Diese Worte aus seinem Brief an die älteste Schwester wurden nun Wirklichkeit für alle hier, für Vater, Mutter, Geschwister, am meisten aber für ihn.

Wer je die Feier einer Priesterweihe miterlebt hat, weiß, wie tiefgreifend deren Ritus, wie wesentlich jedes Wort und jede Bewegung ist, und daß die sichtbare äußere Handlung ein übernatürliches gnadenhaftes Geschehen symbolisiert. ,,Ja, es ist kaum faßbar, das wunderbare Geheimnis des Priestertums. Nur ein Herz, nur eine Person gibt es, die in ihrer unendlichen Liebe eine solch einzigartige Berufung armseliger Menschen ausgedacht hat, die Person des göttlichen Meisters.'' So schreibt Hans im Brief an seine Schwester. Wie kaum einer hat er die Größe des Priestertums erfaßt.

Durch die Priesterweihe bekommt der Priester einen Auftrag, eine Sendung. Die Priesterweihe ist ein Sendungssakrament. Und dieses Sendungs-Bewußtsein war tief in seinem Herzen, wenn er an seine Mutter schreibt: ,,... daß Christus mich alle Tage führe und leite zum Segen und Heil unsterblicher Seelen!

Der Ritus der Priesterweihe besteht aus vier Teilen. Der erste Teil ist Vorbereitung, Vorstellung der Weihekandidaten, Ansprache des Bischofs an sie und das Volk, Anrufung aller Heiligen. Darauf folgt die eigentliche Weihe durch die Handauflegung und das eucharistische Hochgebet. Dann wird das heilige Opfer dargebracht, und am Schluß desselben empfängt der Neupriester die

Gewalt der Sündenvergebung. Wenn es widerhallt im heiligen Raum:

Sancta Maria, ora pro nobis!
Sancte Michael, ora pro nobis!
Sancte Gabriel, ora pro nobis!
Sancte Raphael, ora pro nobis!
Sancte Petre, ora pro nobis!

ist es, als ob die große Schar der Engel und Heiligen vorüberziehe an den Auserwählten. Diese haben sich in tiefer Ehrfurcht und Demut auf den Boden niedergeworfen. Sie zeigen so, daß Ehrfurcht die Grundhaltung des Priesters sei, daß Demut, Kleinwerden, Dienen das Tiefste im Wesen des Priester sei. ,,Ich bin unter euch wie einer, der dient.'' Das Beispiel Christi, der sich erniedrigt, der sich selbst zur Nahrung gibt, der sein Leben hingibt, sei dem Priester vor Augen auf seinem Sendungsweg.

Am Schluß der Allerheiligen-Litanei erhebt der Bischof dreimal seine Stimme im Bittgebet: ,,Daß Du diese Erwählten gnädig segnen wollest.''

Und wie ein ,,Rauschen vieler Wasser'' ertönt der Refrain:

,,*Wir bitten dich, erhöre uns.*''

Nach dem letzten Kyrie eleison erheben sich die Weihekandidaten, um vor dem Bischof, dem Stellvertreter der Apostel, niederzuknien. Ein wunderbarer Augenblick folgt. Alles schweigt. Der Bischof erhebt sich, breitet seine Hände aus und läßt sie auf dem Haupte eines jeden ruhen. Kein Wort, kein Gesang, nur diese tiefe symbolische Handlung. Jetzt spricht allein der Heilige Geist — und seine Sprache ist Tat —, der junge Mann ist in diesem Augenblick Priester geworden. Jeder anwesende

Priester folgt nun dem Bischof und legt die Hände auf das Haupt des Neupriesters.

Dann bekleidet der Bischof die Neugeweihten mit den priesterlichen Gewändern. Noch ist das Meßgewand rückwärts gefaltet, erst nach der heiligen Kommunion, wenn sie die Gewalt der Sündenvergebung empfangen, wird es ganz entfaltet.

So war es damals an jenem 21. Dezember 1946.

Im Herzen der Mutter fand nur ein einziges Wort Platz: ,,Hans ist jetzt Priester.`` Und als der Bischof Christianus Caminada den Hymnus zum Heiligen Geist anstimmte, flehte ihr ganzes Inneres: ,,Veni, Creator Spiritus.``

Der Heilige Geist mußte ihr Kind, ihren Sohn führen und stärken auf seinem Sendungsweg.

Jetzt salbte der Bischof die Hände, die sie, als sie noch klein waren, so oft in den ihrigen gehalten, wenn Hans auf ihrem Schoß gesessen und sie alle zusammen, die Großen und die Kleinen, das Vaterunser gebetet haben, diese Hände, die so schmal und weiß geworden während der langen Krankheit.

,,Weihe und heilige, o Herr, gnädig diese Hände durch diese Salbung und unsern Segen.`` — ,,Amen``, erwiderte der Sohn.

,,Auf daß alles, was sie segnen, gesegnet, was sie weihen, geweiht und geheiligt werde im Namen unseres Herrn Jesus Christus.`` — ,,Amen.``

Sie mußte an den Brief denken, seinen letzten Brief, worin er geschrieben: ,,Nimm als bescheidenes Zeichen meiner Dankbarkeit mein Gebet und meinen Primizsegen vom Weihealtar entgegen.`` Und sie verstand in diesem Augenblick mehr denn je, was es heißt, wenn ein Priester segnet, und wie ein Blitz durchzuckte sie der Gedanke, wie schrecklich es wäre, wenn die gesalbten Hände zu Bösem mißbraucht würden. Nein, Hans gehörte ganz dem Herrn an, und sie hat ihn Maria und dem Heiligen Bruder Klaus vom Mutterschoß an geweiht und übergeben.

Jetzt ruhten diese gesalbten und gefalteten Hände gleichsam in Gottes Vaterhänden, während der Bischof ihnen den goldenen Kelch mit Wasser und Wein und die Patene mit der Hostie anvertraute.

Jetzt waren diese Hände bereit und geweiht zum größten Wunder der Erde. Der Bischof sprach die heiligen Worte:

,,Empfange die Gewalt, Gott das Opfer darzubringen, die Messe zu feiern, sowohl für Lebende wie für Verstorbene, im Namen des Herrn.''

Es kam der herrliche Augenblick der heiligen Wandlung, wo Himmel und Erde eins werden und der Herr, der große, allmächtige Gott, armen Menschen gehorcht, jetzt zum ersten Mal den Neugeweihten. Menschliches Wissen und Erkennen versagt vor diesem Wunder, der Glaube allein kann es je nach dem Grad der Erleuchtung begreifen.

,,Den Kleinen wird es geoffenbart.''

Weil sie klein und demütig und arm im Geiste waren, die guten Eltern, konnte der Gnadenstrahl sie um so inniger durchdringen. Und als sie alle den Herrn im heiligsten Sakrament empfangen hatten, verstanden sie, warum die Kirche den Sängern die Worte in den Mund gibt:

,,Nun nenne ich euch nicht mehr Knechte, sondern meine Freunde, denn ihr wißt alles, was ich in eurer Mitte gewirkt habe. Alleluja.

74

Nehmt auf in euch den Beistand, den Heiligen Geist. Er ist es, den der Vater euch senden will. Alleluja. Ihr seid meine Freunde, wenn ihr tut, was ich euch sage.''

,,Der göttliche Heiland, mein Freund ...'', hatte Hans an seine Mutter geschrieben. Ja, nun war der Herr wirklich der Freund ihres Sohnes. Hans empfing nun aber von seinem ,,Freund'' noch ein Joch, eine Bürde, die zu tragen schwer werden konnte, die aber diesem ,,Freund'' die tiefsten Freuden bereiten wird, die Gewalt, Sünden nachzulassen.

Noch einmal knieten die Neugeweihten vor dem Bischof, und er legte ihnen beide Hände aufs Haupt mit den Worten des Herrn:

,,Empfange den Heiligen Geist. Denen du die Sünden nachlassen wirst, denen sind sie nachgelassen. Denen du sie behalten wirst, denen sind sie behalten.''

Nun waren sie Vollpriester. Ob Hans Amstalden in jenem Augenblick schon ahnte, wie mancher Seele er durch diese Gewalt den Himmel erschließen werde? Ob er Leiden, Opfer, Gebet seines Priesterlebens dem großen himmlischen Freund Christus schon damals anbot für die Rettung der Seelen, die ihm in diesem Sakrament später begegneten? Ja, der Heilige Geist hatte ihn zu diesem Ganzopfer angerufen.

Zum letzten Mal segnete der Bischof die Neugeweihten und das ganze Volk. Dann ertönte die Orgel, — feierlich begannen die Glocken zu läuten.

Die Freude muß sich kundtun. Endlich durfte man sich die Hände schütteln, durfte gratulieren. Vater und Mutter hatten ihren Hans als Priester in der Mitte. Und sie führen einen Priester heim ins Bauernhaus, ins liebe

Obwaldnerland. Es ist der 21. Dezember, wieder ein Tag des heiligen Bruder Klaus. Damals, am 21. Dezember 1481, hatte er ja in Stans den Frieden vermittelt, damals hat er die Eidgenossenschaft gerettet. Wieder zeigt sich hier die gnadenhafte Beziehung zwischen den beiden Obwaldnern.

Primiz in der Heimat und
Verherrlichung des heiligen Bruder Klaus

Silvesterabend 1946. Ein klarer Sternenhimmel über dem Tal von Obwalden. Die Pfarrkirche von Sarnen mit ihrer prächtigen Front und den zwei Türmen, schien damals stolzer denn sonst herniederzublicken auf all die Häuser zu ihren Füßen und an den Abhängen. Sie grüßte hinüber zum »Wyer« jenseits der Sarneraa. Sie wartete auf den Morgen, da sich ihre Tore öffneten zum Einzug des jungen Priesters. Die Engel darin beten in ewiger Gegenwart den Herrn an und danken für das große Wunder der heiligen Wandlung, die zu vollziehen nicht ein Engel, sondern ein Mensch berufen ist. Damals der junge Hans Amstalden, der hier in dieser Kirche vor beinahe 26 Jahren getauft worden war.

Auch im Bauernhaus »Wyer« wartete man auf den Morgen, Eltern und Geschwister und alle ihre heiligen Schutzengel, sicher auch die lieben Verstorbenen, deren Bilder aufgestellt oder von den Wänden grüßten: Großeltern und Verwandte, der selige Auswanderer-Kaplan Niklaus Amstalden und Pater Lukas Etlin und die heimgegangenen Geschwisterchen. Ist nicht auch hier ein kleiner Himmel auf Erden? Es gibt wirklich Augenblicke im irdischen Leben, wo die Ewigkeit sich herabläßt und uns armen Menschen Gewißheit schenkt von einem andern Leben, einem Leben des unvergänglichen Glückes, der unwandelbaren Seligkeit.

So war es am Silvesterabend 1946 für die Familie Amstalden. Man sprach zwar an diesem Abend nicht allzu laut, aber immer wieder kam die Rede auf das verflossene Jahr.

,,Welches Wunder, wenn wir zurückdenken an den letzten Silvesterabend!''

,,Bruder Klaus hat gezeigt, welche Fürbittmacht er im Himmel besitzt.''

So und ähnlich kamen die Worte von den Lippen. Die Stillste von allen, die Mutter, konnte das große Glück kaum fassen.

Die Lampen wurden früh gelöscht, nicht erst um zwölf Uhr beim Erwarten des neuen Jahres. Aber sie schliefen noch nicht alle, als die Glocken feierlicher als je durch das Dunkel der Neujahrsnacht sangen. Hans horchte hinaus in die Nacht. Dann erhob er seine geweihten Hände zum Primizsegen über das ganze liebe Obwalden mit all seinen Bewohnern.

,,Das ist der Tag, den der Herr gemacht.''

,,Das ist das Jahr, das der Herr geweiht.''

Die Sterne waren zwar erloschen, es fing an zu schneien in der Morgenfrühe des 1. Januar 1947, beim Beginn dieses auserlesenen Jahres, das für Obwalden und die ganze Schweiz selber zum glänzenden Stern werden sollte, war es doch das Heiligsprechungsjahr unseres Landesvaters Bruder Klaus. Und sein auserwählter Sohn, Hans Amstalden, durfte ihm als erster gratulieren und die größte Freude bereiten.

Im »Wyer« sah man schon Licht, als ein einsamer Wanderer um fünf Uhr morgens nach Sachseln marschierte, um dort das heilige Opfer zu feiern. Es war Pater Hugo Müller vom Kollegium. Er hielt seinen Schritt an. Es ist sonst nicht Brauch, daß man morgens um fünf Uhr Besuche macht. Aber dieser Tag war nicht wie ein gewöhnlicher anderer und Pater Hugo nicht ein Mann wie ein anderer. Er überlegte nicht lange, bog ab von der Straße und klopfte im »Wyer« an als erster Gratulant am Primiztag.

Sein Glück- und Segenswunsch drang wie ein Freudenstrahl in die Herzen; das rechte Wort im rechten Augenblick kann ja wie ein Licht aufleuchten in dem, der es schenkt, und jenem, der es empfängt. Er selber schritt mit diesem hellen Licht im Herzen weiter, Sachseln zu, von wo er die Glocken zum festlichen Jahr der Heiligsprechung läuten hörte, und durfte bald darauf am Altar des seligen Bruder Klaus die zweite Gratulation aussprechen.

Der Neujahrsmorgen 1947 war wirklich ein hoffnungsvoller wie keiner seit langen Zeiten. Wer eine Primiz miterlebt, kann das verstehen. Wem aber die ganz seltene Gnade gegeben wird, eine Heiligsprechung mitzuerleben, dem kann es ein großes inneres Erlebnis bedeuten. Es ist, als ob der Himmel seine Tore öffnete, um große Gnaden über die Menschen auszugießen. Und arme, schwache Menschen sind die Werkzeuge, welche diese Tore öffnen; für unser Obwalden waren es am Neujahrsmorgen 1947 Bruder Klaus, der Bauer vom Flüeli, und Hans Amstalden, der Bauernsohn vom »Wyer«. Beide, wenn auch durch Jahrhunderte getrennt, waren sich so nahe heute. Das Volk spürte das Besondere dieses Tages, wenn man auch nicht zuviel davon sprach. Es gibt Dinge, die man weiß und versteht, ohne davon zu sprechen.

Als die Glocken in Sarnen kraftvoll zu läuten begannen, wanderte viel Volk der Pfarrkirche zu. Eine Primiz ist ein Ehrentag für die ganze Pfarrei. Man will ihn miterleben, will den Primizsegen empfangen. Segen — geheimnisvolles Wort, das nur jene verstehen, die den Segen erleben, sei es der Spender oder Empfänger. Segen — Strom aus dem Herzen Gottes, herabgerufen von seinem Diener auf Erden, einem schwachen Menschen, auf seine Brüder und Schwestern. Je inniger der Ruf, das Verlangen, die Reinheit der Absicht des Spenders, um so kräftiger der Strom. Je offener und weiter die Seele des Empfängers, desto größer die Fülle, die sie aufnehmen kann.

An diese Wirklichkeit des Segens glaubte das Volk. Am 1. Januar 1947 aber erfüllte eine ganz merkwürdige Stimmung alle Menschen, welche sich im Gotteshaus von Sarnen zusammenfanden. Viele wußten es, daß jener, der nun zum ersten Mal das heilige Opfer hier feiern durfte, nicht hier wäre ohne das Eingreifen Gottes. Auch solche, die sonst nicht leicht an Dinge glauben, die man nicht mit den Händen greifen und den Augen sehen kann, wurden eigenartig ergriffen vom Geheimnis dieses Morgens.

Dichte Flocken fielen unaufhörlich, als der Festzug durchs weitgeöffnete Portal der Pfarrkirche trat. Alle Augen suchten den Primizianten. Wie ein Engel kam er ihnen vor, groß, blaß, tief gesammelt. Und Ehrfurcht erfüllte manchen, mochte er sich's eingestehen oder nicht. Langsam nahmen die Männer mit ungelenken Fingern ihre Hüte vom Kopf. Neben ihm schritt im weißen

Schleier sein geistliches Bräutlein, Anita, seine sechsjährige Nichte. Und dann der geistliche Vater, Werner Durrer, die geistliche Mutter, die hohe Geistlichkeit, Ministranten, Verwandte und Bekannte.

Und welch ein Jubilieren begann, als der Chor mit dem Orchester die Theresienmesse von Haydn aufführte! Viele Augen wurden naß. Ja, ein solcher Neujahrsgottesdienst hatte in der Sarner Pfarrkirche noch nie stattgefunden. Was der Primiziant, der wie ein Engel am Altare stand, in seinem Innern erlebte, konnten jene ahnen, die mit ihm gelitten hatten, als ihm von den Ärzten vor einem Jahr sein Leben abgesprochen worden war.

Paul Kathriner begrüßte von der Kanzel den Mitbruder und sprach von der wunderbaren Auserwählung des Priesters. Und manch inniges Gebet stieg beim heiligen Opfer für den Neupriester zum göttlichen Hohenpriester empor. Daß jedoch heute viel zu wenig junge Männer diesen höchsten aller Berufe ergreifen würden, ahnte man damals kaum. Wie die Welt sich inzwischen so sehr verändern und in rasender Eile von einer Krise nach der andern erschüttert würde, konnte man in diesen heiligen Stunden noch nicht wissen.

Wenn wir, die damals dabei waren, zurückdenken an jenen heiligen Neujahrsmorgen 1947, kommt es uns vor, als liege er weit, weit zurück. Ist es nicht, als ob die Menschheit, einem Steine gleich, mit immer größerer Geschwindigkeit in den Abgrund rase, die einen in das ewige Dunkel, die andern in die unbegreifliche Barmherzigkeit Gottes? Wer ist es, der den Fall beeinflussen könnte? Jener, der am Altare steht und das größte Wort aussprechen kann, welches über Menschenlippen kommt, das Wort: ,,Das ist mein Leib — das ist mein Blut.`` Dieser arme, schwache Mensch, dem Gott in der Priesterweihe die Wandlungsgewalt über Brot und Wein geschenkt hat, ist in diesem Augenblick ist mächtiger als alle Großen auf Erden, mächtiger als jene, die über die Atomwaffen verfügen. Dieses Wort ruft den Himmel auf die Erde, die Ewigkeit in diese Zeit; es ist das wesentlichste und wirklichste Wort, ob vor tausend Jahren ausgesprochen oder am letzten Erdentag. —

Überwältigt von dieser Wahrheit, sank der Primiziant in die Knie vor dem verborgenen Gott in der kleinen Hostie, in dem goldenen Kelch, und erhob beides, damit die Menschen auch tief innerlich sich beugen vor dem größten Geheimnis der Liebe.

Und weiter jubilierten die Geigen und Flöten, die menschlichen Stimmen und die mächtige Orgel. Wer könnte die Freude besser zum Ausdruck bringen als die Musik? Der Primiziant hatte ja schon als kleiner Bub seine Freude herausgesungen aus dem reinen, frohen Herzen, und man konnte ihm auch jetzt keine größere Freude bereiten als durch Musik und Gesang. Sie wußten es wohl, die dort droben auf der Empore: der Organist, Musikdirektor Zajak, die Sänger und Orchesterleute, sie kannten ja den „Wyer-Hans". Erinnerte es nicht an den Gesang der Engel, der vor zweitausend Jahren über Bethlehem erklang? Wieder war Christus geboren wie damals.

„Laßt uns frohlocken und fröhlich sein!" Kein Mißton trübte den Neujahrstag 1947, auch dann nicht, als im Gasthaus „Zur Metzgern" im festlich geschmückten Saal die Gläser angestoßen und der Neupriester und seine Lieben gefeiert wurden in frohen Tischreden. Und wieder durfte man erfahren, was die Liebe alles fertigbringt, wenn man ein Herz in besonderer Weise erfreuen will. Eine Extraüberraschung wurde allen bereitet durch das ,,Chruseli'' und seine Geschwister. Sie hatten ein Quartett vorbereitet. Mit ihren schönen Stimmen trugen sie Hansens Lieblingsgesänge vor: ,,Die Himmel rühmen des Ewigen Ehre'' und ,,Das ist der Tag des Herrn''.

Man merkte nicht, wie die Stunden verflogen. Erst als der geistliche Vater die Tafelrunde mit frohen Dankesworten aufhob, erinnerte man sich wieder, daß die Zeit fortschreitet und die freudenreichsten Augenblicke im irdischen Leben nicht festgehalten werden können. Draußen dunkelte es, als die Gäste den Saal verließen, um nochmals in der Pfarrkirche sich zum großen Dank zu vereinigen. Leise und dicht fielen die Flocken. ,,Schade, daß es an deinem Festtag so schneit'', meinte die älteste Schwester, als sie neben dem glücklichen Bruder durchs heimatliche Dorf schritt.

,,Warum schade?'' erwiderte er frohgemut. ,,Auch das ist ein Gruß vom Himmel.''

In der hellerleuchteten Kirche jubelten alle den Lobgesang Te Deum laudamus. Und er klang in den Herzen fort, als die Winternacht sich niedersenkte und sie, Freude und Frieden im Gemüt tragend, heimkehrten in ihre Stuben und Kammern. Es schien, als ob das Vaterhaus im »Wyer« eine kleine Himmelsstube geworden sei, so reich geschmückt, so blank geputzt, so warm und traut und angefüllt mit Licht und Freude, am ersten Tag des neuen Jahres 1947. Über dieses teure Vaterhaus und seine Bewohner breitete der Priestersohn nochmals die Hände aus, um den Primizsegen herabzurufen in reichster Fülle. Dann wurde es still.

Am 6. Januar stand Hans am Altar seines geliebten

Bruder Klaus in der Sachsler Kirche. Seiner Fürbitte verdankte er ja das Geschenk des neuen Lebens.

War es nicht, als lächle der Landesvater seinem Sohne zu, als begegnete er ihm im Innersten, wo Gott wohnt und das tiefste Geheimnis verborgen bleibt, das „Geheimnis des Königs"?

Das Jahr 1947, das Heiligsprechungsjahr, wurde das große Freudenjahr für alle Söhne und Töchter des heiligen Bruder Klaus. Wer aber mochte ahnen und begreifen, was es für den Neupriester Hans Amstalden bedeutete? Nur jene, die ihn an der Schwelle des Todes gesehen hatten. Mit welch tiefer Freude begrüßte er jeden neuen Morgen! Wie sang er wieder mit heller Stimme zum Lob des Herrn! — Nach den Festtagen in der Heimat führte ihn sein Weg nach damaliger Vorschrift nochmals für einige Monate ins Priesterseminar nach Chur. War er nicht noch liebenswürdiger, noch froher, noch bescheidener geworden? Hatte nicht der junge Mann eine merkwürdige Reife erreicht, eine Reife, die nicht von Jahren abhängig ist, die nur durch die Gaben des Heiligen Geistes bewirkt wird? Und war er nicht im Seelengrund an jenem tiefsten Punkt angelangt, wo Leid und Freude sich zu einer wunderbaren Harmonie vereinen? Darum konnte die Freude so lauter und geistig aus seinen Augen strahlen. Gottes Vorsehung hatte ihn auserwählt zu einem der glücklichsten Gratulanten für den heiligen Bruder Klaus, seinen Freund und Vater, dem im Mai 1947 die größte Ehre zuteil werden sollte. Am 15. Mai, dem Feste Christi Himmelfahrt, sollte Bruder Klaus von Papst Pius XII. feierlich in das Verzeichnis der Heiligen aufgenommen werden.

Während damals der große Pilgerzug aus der Schweiz

nach Rom fuhr, reisten die Theologen von Chur in einem Car. Wer von allen konnte das Glück tiefer empfinden als Hans Amstalden? Schon die Reise brachte unzählige kleine und große Freuden, wenn sie auch weit und mühselig war. Das fremde Land, voll Sonne und Licht, zeigte seine Schönheit in vollem Glanz. Im Hospiz Santa Martha in Rom fanden die Churer Unterkunft.

Das Fest Christi Himmelfahrt 1947 bedeutete für viele, die im Petersdom sich eingefunden hatten, den höchsten Freudentag ihres ganzen Lebens und eine Vorahnung der Herrlichkeit des Himmels, dessen kleines Abbild die glückliche Schar hier war, die vom Stellvertreter Christi die Worte vernahm: ,,Zu Ehren der heiligen und ungeteilten Dreieinigkeit, zur Erhöhung des katholischen Glaubens und der christlichen Religion, in der Autorität unseres Herrn Jesus Christus, der heiligen Apostel Petrus und Paulus und Unserer eigenen, beschließen und entscheiden Wir, nachdem Wir alles reiflich überlegt und öfters die göttliche Hilfe angefleht haben, daß der selige Niklaus von Flüe ein Heiliger ist, und tragen ihn ein in das Verzeichnis der Heiligen.''

Und nun geschah, was nach Aussage von Gardeoffizieren kaum je geschehen: Die Schweizer klatschten in die Hände, riefen: ,,Heiliger Bruder Klaus!'' und sangen den Schweizerpsalm.

Dank und Jubel stiegen im Te Deum aus den Herzen empor, Glocken und Posaunen kündeten die Freude. Und unter all den Jubelnden stand ein feiner, schlanker Priester, unser Hans Amstalden, der, die Hände gefaltet, mit zitternden Lippen sprach: ,,Heiliger Bruder Klaus, ich danke dir.''

II.

SEIN PRIESTERLEBEN

Der neue Spiritual

Herbst 1947 im Kreuzspital Chur. Ein einfaches, sauber hergerichtetes Zimmer stand bereit. Den Spitalgeruch konnte man zwar nicht daraus verbannen, sowenig wie in andern Krankenhäusern. Der neue Spiritual wurde erwartet. Einige der Ingenbohler Kreuzschwestern, die das Spital betreuten, kannten ihn schon von seiner Seminarzeit her, da er als Patient sich hier aufgehalten. Man machte sich keine Sorgen; als einfacher, stets freundlicher und dankbarer Mensch stand er im Gedächtnis seiner Bekannten. Ob man aber damals schon von der Tiefe seiner Frömmigkeit und von seiner Hingabefähigkeit wußte? Ob jemand von allen, die da in unermüdlicher Arbeit durch die Räume huschten, eine Ahnung hatte von der Auserwählung dieses jungen Priesters? Und wer von allen, die ihn stets lächeln sahen, konnte wissen, wieviele Schmerzen dieser Neupriester schon ausgehalten hatte, und daß jeder seiner Lebenstage von neuem ein Geschenk Gottes war?

Man vergißt ja so oft in der Hast der Arbeit dem andern zu begegnen. Man ist erfüllt von eigenen Sorgen, eigenem Tun, eigenen Ideen und fragt so selten nach den andern. Als der neue Spiritual Hans Amstalden durch die langen, spiegelglatten Gänge schritt, die Schwestern beobachtete, wie sie leise Türen öffneten und schlossen,

und die Zimmer nummern sich anschaute, wußte er, daß
hinter jeder dieser Türen eine eigene Welt lebte, daß jeder Mensch hier mit seinem Schicksal allein war. Und er
war bereit, jedem dieses Schicksal tragen und erleichtern
zu helfen. Er war sich klar darüber, daß alle hier, bewußt oder unbewußt, auf Christus warteten, auf seinen
Trost, seine Gnade, seinen Frieden. Und er erkannte und
wußte, daß jener, der einst gesagt: ,,Kommt alle zu mir,
ihr Müden und Beladenen'', ihn eigens hieher gesandt.
Ja, er war bereit, er wollte weder seinen Herrn enttäu-
schen noch jene, zu denen er gesandt war. Für sie war er
gekommen, für die mit dem Kreuz Beladenen, um ihnen
ihr Joch tragen zu helfen. Und froh machen wollte er all
die armen Menschen, denn er wußte, daß die Freude die
beste Arznei ist. Nicht umsonst hatte Gott ihm ein so
freudefähiges Herz geschenkt, ein Herz, das trotz Leiden
stets die Sonne Gottes spiegelte und ausstrahlte.

Nicht zum Schweigen hatte er die schöne Stimme, er,
der einstige Sängerbub. Auch nicht umsonst lag das frohe Lächeln, das allen so sehr auffiel, stets um seinen
Mund. Er war da, um die Freude des Heiligen Geistes auf
alle auszustrahlen.

Mit welch tiefer Bereitschaft er seinen Beruf antrat,
wußte noch niemand, als er seinen Koffer auspackte und
sich in seinem Zimmer einrichtete.

Buch um Buch stellte er ins Regal. Er wollte nicht
nachlassen mit dem Studium seiner besonders teuren
Autoren. Unter ihnen befanden sich seine Freunde,
Franz von Sales und der große religiöse Genius, Kardinal
Newman. Mit einem Anflug seines feinen Lächelns wies
er den Schriften über Bruder Klaus einen Extraplatz an.
Bruder Klaus, sein teurer Vater — ohne ihn stünde er

jetzt nicht hier! Bruder Klaus mußte fernerhin sorgen für
ihn, und ganz im Innersten gestand er sich ein: Bruder
Klaus mußte hier sein, um sein liebes Obwalden zu vertreten und Heimatluft zu verbreiten in diesem ihm noch
fremden Zimmer. Das liebste Andenken an ihn war eine
kostbare Reliquie, die der geistliche Vater ihm zum Geschenk gemacht. Diese befestigte er über seinem Bett.
Tagsüber mußte sie ihn, verborgen in der Brusttasche, zu
den Menschen begleiten, denen er von nun an Trost und
Segen bringen würde. Jetzt kam ihm das Bild des
Auswanderer-Kaplans Niklaus Amstalden, seines Großonkels, in die Hände.

,,Du kommst hierhin'', sagte er zu sich und hängte es
an die Wand in der Nähe der Reliquie. ,,Heiliger Onkel,
wach über mich. Ich bin zwar nicht so weit von der Heimat weg, wie du es warst, aber du weißt ja, wie Heimweh
schmerzen kann.''

Wenn er Zeit dazu fände, so dachte er, wollte er das
Leben dieses heroischen Priesters beschreiben. Ja, vielleicht würde sein heimlicher Wunsch, einmal in Brasilien
seine Verwandten besuchen zu können, um die Spuren
des heiligmäßigen Großonkels zu verfolgen, in Erfüllung
gehen. Bei diesem Gedanken schlug er sich mit der Hand
an die Stirne, lachte vor sich hin und dachte: ,,Hast dich
da noch kaum eingerichtet und denkst schon ans Reisen.
Nein, vorläufig bleibst du da bei den Kranken, die auf
dich warten.''

Es pochte an der Türe. Auf sein Herein erschien eine
Angestellte mit dem Servierbrett. Mit freundlichem Lächeln dankte er und gab ihr ein frohes Wort. Bald sprach
es sich bei den Angestellten herum, daß der neue Spiritual ein gar angenehmer und froher Geistlicher sei.

Manche suchten ihm zu begegnen, um ihn zu sehen. Als er in der Kapelle seines Amtes waltete, folgten ihm die Augen der Schwestern. Ruhig und ernst, tief gesammelt, ohne sich in der noch ungewohnten Umgebung ablenken zu lassen, betete er, so daß alle beeinruckt waren von dem eigenartigen Fluidum, das von ihm ausging. Heute noch haben sie ihn nicht vergessen, und das Urteil der betagten Schwestern und Angestellten lautet übereinstimmend: „Beim heiligen Meßopfer war er so gesammelt, frei und gelöst. Wie ein Engel kam er mir vor, würdig und erhaben, voll Ehrfurcht." (Sr. E. Ph.) „Herr Spiritual Amstalden war ein sympathischer Mensch, ein sehr guter, eifriger Priester." (Sr. Eu. A.) Ebenso sprach sich die hochbetagte Sr. F. L. aus, die ihn vom ersten Tag an im Kreuzspital bis zuletzt kannte.

Ganz auffallend und angenehm überrascht waren alle vom freundlichen und frohen Wesen des neuen Spirituals. Wie ein Sonnenstrahl wirkte er in dem großen Haus, das soviel Leid barg. Das spürte jedes gleich bei der ersten Begegnung. Es schien ein Frühlingstag aufgegangen zu sein, ein Frühlingstag voll Duft und Lieder. Niemand von allen mußte es zu fühlen bekommen, daß der feine, empfindsame, bescheidene Priester, trotz seiner liebenswürdigen Art, von Anfang an auch auf ganz gegensätzliche Menschen stieß und Gott es zuließ, daß es Personen gab, die durch ihr Unverständnis ihm sehr schmerzliche Stunden bereiteten.

* * *

Die Kranken

Da lagen sie in den weißen Spitalbetten, in Sälen und Einzelzimmern, jene, denen von nun an seine große Liebe galt: Männer und Frauen, auch Kinder, vom Leid Gezeichnete, Arme und Reiche, Einsame, Verlassene, Gläubige und Ungläubige. Vom ersten Tag an nahm sich Hans vor, gegen alle gut zu sein, für alle Christus auszustrahlen, mit allen Geduld zu üben, bei jedem abzutasten, wie dessen Inneres eingestellt sei zu Gott und den Menschen, und zu warten, ja stets zu warten auf den rechten Augenblick, da die Gnade an die Herzen poche.

Da lagen sie und harrten eines Trostes und hofften und bangten. Trat der junge Priester an ihr Bett, bot ihnen die Hand und grüßte sie mit seinem unvergleichlichen Lächeln, war es ihnen, als treffe ein Sonnenstrahl ihr Herz. Wenn er das Herrenwort: ,,Kommet zu mir, ihr Mühseligen und Beladenen, ich will euch erquicken'' auch nicht aussprach, sie spürten es alle irgendwie, daß dieser Mann eigens im Namen Jesu kam. Aber sie wußten nicht, wieviel er selber schon gelitten und immer zu leiden hatte. Sie wußten nicht, daß er in stillen Stunden für sie alle unaufhörlich betete. Wenige erkannten das große Geheimnis seiner gnadenhaften Ausstrahlung, aber alle spürten seine Wärme, Güte und Hingabe, die so unsäglich wohltat.

Es kamen ungleich geartete Menschen in das Spital, es kehrten sich oft verbissene und finstere Gesichter ab von ihm. Aber sie unterlagen bald, wenn er mit einem frohen Spaß sie aufzuheitern versuchte, und manch einer, dessen Gedanken und Gefühle ganz gegen den ,,Pfaffen'' sich aufgelehnt, sehnte sich am nächsten Tag wieder nach seinem freundlichen Wort. Er war klug und taktvoll und sprach ein Wort von Gott erst dann aus, wenn er mit feinem Instinkt spürte, daß es in ein offenes Herz falle. Die Protestanten schätzten ihn ebensosehr wie die Katholiken. Er ehrte in allen Christus und liebte jeden wie seinen Bruder.

Ohne das Studium der Psychologie war er ein ausgezeichneter Psychologe, geleitet vom höchsten Lehrer, zu dem er täglich flehte: ,,Komm, Heiliger Geist, erfülle die Herzen deiner Gläubigen und entzünde in ihnen das Feuer deiner Liebe!'' Menschen mit tieferer Erkenntnis staunten über die Weisheit des jungen Spirituals. Mit der Zeit hatte er viele Freunde und Bekannte; denn es gab unter den Hunderten von Patienten, die kamen und gingen, manche dankbare Menschen, welche die Güte dieses Priesters nie mehr vergaßen und mit Liebe zu vergelten suchten.

Immer trug er die ,,wundertätige Medaille'' der Unbefleckten bei sich, stets auch die Reliquie des hl. Bruder Klaus. Fand er es gegeben, segnete er damit die Kranken und betete mit ihnen das Bruder-Klausen-Gebet, dieses einzig tiefe Gebet, das mit wenigen Worten die Abgründe Gottes und des Geschöpfes wie ein Blitz beleuchtet.

,,Mein Herr und mein Gott, nimm alles von mir,
was mich hindert zu dir.
Mein Herr und mein Gott, gib alles mir,
was mich fördert zu dir.
Mein Herr und mein Gott, nimm mich mir
und gib mich ganz zu eigen dir.'' .

Manch einem Menschen, der da hilflos mit gefalteten Händen lauschte, ging plötzlich eine neue Sicht auf für das Leben, und mancher erkannte, daß es ganz andere Werte gibt als Geld, Vergnügen, Ehre und selbst Gesundheit, die alle wie Rauch vergehen.

Die ersten Begegnungen mit dem Tod erschütterten ihn tief, war er doch selbst schon an der Schwelle des geheimnisvollen Tores gestanden, das ins ewige Leben führt. Um so ernster nahm er gleichsam den Kampf auf für jede Seele, die dem wichtigsten Ereignis entgegenging.

Es kamen Menschen, die nichts von Gott wissen wollten und schon vom Tode gezeichnet waren. Nach dem Zeugnis aller Krankenschwestern starb keiner ohne die Sterbesakramente.

Oftmals erzählten die Patienten ihm ihre Lebensgeschichte, ohne daß es ihnen bewußt war, daß sie jetzt gebeichtet hatten.

Eines Tages wurde ein Sterbender eingeliefert. Die Schwestern erkannten, daß ihm nur noch kurze Zeit vergönnt war, um sein Gewissen in Ordnung zu bringen. Er wollte nichts wissen von Tod, Ewigkeit und Priester. Man pochte beim Herrn Spiritual an: ,,Kommen Sie rasch, ein ganz schwieriger Fall! Aber diesmal nützt alles nichts. Trotzdem, kommen Sie, wir wollen nichts unterlassen!"

,,In welchem Zimmer liegt der Patient?" Schon stand er auf und machte sich bereit.

,,Aber machen Sie sich gefaßt auf eine große Enttäuschung", meinte die Schwester, während sie die Türe öffnete.

Mit seinem gütigen, milden Blick und lauterster Freundlichkeit grüßte Hans den Schwerkranken. Was zwischen den beiden gesprochen wurde, bleibt Geheimnis. Auf jeden Fall ging es nicht lange, bis der gute

Spiritual heraustrat und befahl: ,,Richten Sie alles für die heilige Kommunion. Er hat gebeichtet.''

Sprachlos vor Staunen gehorchte die Pflegerin.

Das ist nur ein Beispiel der vielen Fälle, die sein Geheimnis waren. Nach solchen Ereignissen stieg das ,,Großer Gott, wir loben dich'', das Loblied, das er so sehr liebte, aus dankerfüllter Seele zum Himmel empor.

Seine Ausstrahlung wirkte Wunder der Gnade, oft mehr als Worte.

Ohne Predigt predigte er die Liebe.

Jedermann fühlte sich zu ihm hingezogen. Allen wurde er der beste Freund.

Mit solcher Einfachheit und Selbstverständlichkeit geschah dies täglich, daß man es hinnahm, als hätte man ein Anrecht darauf. Heute noch erzählen einstige Patienten davon, und heute erst staunen sie eigentlich darüber, daß ihnen ein junger Priester wie ein Wunder begegnet war.

Eine protestantische Frau erlebte es mit, daß der Spiritual den katholischen Mitpatientinnen die hl. Kommunion brachte. Sie spürte einen so großen, tiefen Glauben und wurde derart erschüttert im Innersten, daß sie noch später bekannte: ,,Ich habe in ihm Christus gesehen.''

Ein Knabe, Sohn eines Zugführers, der in Disentis die Klosterschule besuchte, mußte zu einer Operation ins Kreuzspital gebracht werden. Als er wieder zu Hause war und das Leben wie sonst weiterging, konnte er in sich eine innere Veränderung spüren, die ihn heftig beschäftigte. Der Gedanke: ,,Du mußt Priester werden'' drängte sich ihm immer stärker auf. Er wußte, daß die Eltern dagegen sein würden. Endlich bekannte er ihnen seinen Wunsch.

„Warum hast du solche Ideen im Kopf? Wer hat dir das beigebracht?" So und ähnlich drangen die Fragen in ihn. Er kannte nur eine Antwort darauf: „Seit ich Spiritual Amstalden gesehen habe, weiß ich, daß ich Priester werden muß." — Und er wurde trotz aller Widerstände Priester.

Hans liebte die Kranken über alles. Wenn es vorkam, daß man ihn fragte, ob er nicht lieber anderswo als Priester wirken möchte, antwortete er immer: „Nein! Ich bin so gerne bei den Kranken. Nirgends kann ich besser meine Aufgabe erfüllen."

Wie fein und taktvoll er jeweils die katholischen Kranken auf den Herz-Jesu-Freitag aufmerksam machte, erzählt Sr. M. Bruna. Sie schreibt: „Er gab mir den Rat, vor dem Herz-Jesu-Freitag die Patienten zu fragen, wer kommunizieren wolle, und machte mich aufmerksam, ja nicht die Frage nach dem Beichten zu stellen; denn er wußte, daß sie dann freiwillig nach der Beicht verlangen würden."

Durch solche Respektierung der menschlichen Freiheit erreichte er weit mehr als durch Mahnen und Predigen. Er ließ es keinen fühlen, wenn er enttäuscht wurde. Nur vor dem Herrn und seiner heiligsten Mutter schüttete er dann sein verwundetes Herz aus.

Sein Verhältnis zu Schwestern und Angestellten

Der Spiritual eines Krankenhauses hat wohl in erster Linie die Patienten zu betreuen, aber sein seelsorgliches Wirken erstreckt sich auch auf die Schwestern, ganz besonders aber auf die Angestellten. So manch einfacher

Mensch, der in der Welt keine Beachtung findet, arbeitet in einem solchen Betrieb treu und gewissenhaft und bedeutet darin ebensoviel wie die kleinsten Rädchen in einem Uhrwerk. Ganz selbstverständlich nimmt man seine Arbeit hin, sieht die blitzblanken Fußböden, die schneeweiße Bettwäsche, die riesigen, immer klaren Fensterscheiben, die Blumendekorationen, welche für manches Gemüt einen Freudenstrahl bedeuten.

Hans Amstalden, der schon daheim der Mutter manche Arbeit abgenommen, der es so gut verstand, die Familienfeste zu organisieren und, die Küchenschürze umgebunden, Kuchen zu backen, wußte die kleinste Arbeit zu schätzen. Er war der einfache Priester für die einfachen Angestellten. Er fand stets ein anerkennendes Wort, wenn andere achtlos an den Putzerinnen vorübergingen. Sein Lächeln galt jeder und jedem. Im Sturm eroberte er ihre Herzen. Heute noch erinnern sie sich an kleine Erlebnisse, die so helle Lichtstrahlen über ihr Leben ausgossen, daß sie unvergeßlich blieben.

Ein Hochfest der Freude gab es jedesmal, wenn der Spiritual eine Bergtour mit den Angestellten machte. Er liebte ja die Berge so sehr, er kannte ihre Wunder der Schönheit schon von Jugend auf. Ein ganz besonderes Auge hatte er für ihre Pflanzen und Steine.

Eines Tages wollte man das Parpaner Rothorn besteigen. Wie freuten sich alle darauf! Aber in einem Betrieb, wo kein Rädlein des Uhrwerks stillestehen darf, heißt es, solche Pläne gut vorbereiten. Ein ,,Rädlein", so schien es, war diesmal unentbehrlich; die gute Schwester Berta B. konnte sich unmöglich freimachen und mußte zum Leidwesen des Spirituals auf die verdiente Freude verzichten.

Die Liebe, welche alle verband, war auch diesmal erfinderisch. Die Ordensschwester Bruna J., welche gerade von der Nachtwache kam und die gute Gehilfin mit betrübter Miene beim Betten der Kranken fand, griff rasch zu. „Gehen Sie, Schwester Berta, ich bin jetzt frei und mache die Arbeit." Gesagt — getan. Schwester Bertas Augen strahlten, als sie im Hof zu den andern stieß. Und des Spirituals Freude war nicht kleiner als die ihrige.

Ein wolkenloser Tag leuchtete über den fröhlichen Bergsteigern. Sonnverbrannt, mit Blumen in den Händen und Liedern auf den Lippen, kehrten sie abends glücklich wieder heim. Am folgenden Morgen suchte der „Bergführer" Schwester Bruna auf, um ihr herzlich zu danken für den Liebesdienst, den sie der treuen Angestellten erwiesen. Sie hat dieses Dankeswort heute noch nicht vergessen.

Wie lieb ihnen allen der gute Spiritual war, zeigt sich auch in einem Bericht von seiner Rückkehr aus einer Erholung. Sie alle freuten sich kindlich, als die Ankündigung kam, am nächsten Tage werde er wieder in Chur eintreffen. Jedes wollte das andere überbieten mit Ideen zum Willkomm. Schwester E. Ph. erinnert sich noch an jene frohe Stunde. Es war Mai. Der Ginster blühte.

„Helft mir sein Motorvelo in den Hof bringen", bat sie die Jungen.

„Warum denn? Was soll das?"

„Ihr werdet es gleich sehen."

Mit Mühe und Not kam das Motorvelo mitten auf den Platz. Jetzt banden die flinken Hände der Schwester Efeu und Ginster um Lenkstange und Räder. Die Jungen halfen mit.

„Er hatte doch stets große Freude an diesem Vehikel.

Seht, was ich noch dran hänge!" Sr. E. Ph. hielt ihnen einen Karton vor die Augen. Darauf hieß es: „Ich freue mich auf meinen Herrn und will ihn wieder spazieren fahren."

Rasch befestigten sie den Spruch vorn am Motorrad. Dann kamen alle, die abkömmlich waren, in den Hof, denn jeden Augenblick mochte der Ersehnte eintreffen. Auf einmal stand er da mit fröhlichem Lachen und Winken nach allen Seiten. Rasch schritt er auf das Motorrad zu, las die Worte, setzte sich darauf und fuhr im Kreis im Hof herum. Das war ein Freudenjubel! Dann aber wollte jedes seine Hände drücken und ihn willkommen heißen, spürten sie doch alle, wie er zu ihnen gehörte.

Ein anderes Mal, so erzählt Schwester E. Ph., hätten sie bei seiner Heimkehr eine Baumleiter an die Kapelle gestellt und oben eine Schweizer Fahne und einen großen goldenen Schlüssel befestigt. Sie waren alle sehr fröhlich und dachten nicht, daß sie gleichsam ein Symbol seines kurzen Lebens dargestellt hatten. Wie rasch, allzurasch für sie alle, hatte er die oberste Sprosse erklommen und den goldenen Schlüssel zum Himmel in seine Hand genommen.

Sr. F. St., die ab Juli 1953 Oberin im Kreuzspital war, und jetzt auch nicht mehr unter den Lebenden weilt, erinnerte sich ebenfalls an ein frohes Ereignis, das so recht den liebenswürdigen Charakter des jungen Spirituals zeigt. Sie hatte am Abend den Koffer gepackt, um in der Morgenfrühe nach Arosa in die wohlverdienten Ferien zu reisen; sie gedachte in aller Stille das Haus zu verlassen. Da plötzlich, als sie reisefertig ins Freie trat, sang der ganze Chor der Angestellten mit ihrem glücklich strahlenden Dirigenten ein Abschiedslied. Durch solch kleine

Die Pfarrkirche von Sarnen, im Hintergrund grüßen die Berneralpen

Im Kreuzspital Chur am 7. Oktober 1948 zwischen den beiden Ärzten Dr. Josef Regli und Dr. Alfred Müller

Aufmerksamkeiten erheiterte er stets das Leben der Schwestern und Angestellten. Nicht umsonst hatte ihm der Herrgott die schöne Stimme geschenkt. Mit ihr sang er die Freude in alle Herzen hinein und weckte die Sangeslust auch in solchen, die früher nie gesungen hatten. Er wußte aus Erfahrung, wie befreiend das Singen wirkt, und daß dadurch manch bedrücktes Gemüt wieder froh aufatmet. Wie viele glückliche Stunden erlebten sie alle, wenn ein Fest nahte und er sie passende Lieder lehrte. Vergessen wurde in solchen Augenblicken all das viele Leid in dem großen Haus. Und den lieben Kranken wurde auch oft ein Lied zum Troste gesungen, ein Lied, das manchmal besser wirkte als Medikamente.

Wenn der Advent kam und die dunklen Nebel um die Berge strichen, wenn das warme Licht der Kerzen schon hinwies auf das Licht der Herrlichkeit, das an Weihnachten aufgehen sollte, erklangen die alten, lieben Sehnsuchtslieder, die jedes Herz mit Liebe durchdringen. Dann fühlten sie sich wie eine einzige große Familie. Der junge Spiritual war ihr großer Bruder. Ja, wie ein Bruder liebte und umsorgte er sie. Eine treue Angestellte, Anna G., die sein Zimmer besorgte, schreibt: ,,Er sah nicht gern, wenn jemand traurig oder mißgestimmt war. Die tröstete er schnell mit seiner Heiterkeit, so lieb, daß sie ihren Kummer rasch wieder vergaßen. Er war trotz seiner eigenen Leiden immer fröhlich und guter Dinge. Wenn er am Morgen von der heiligen Messe in sein Zimmer kam, wußte er immer schon ein lustiges Scherzwort.''

Von Schwester E. vernehmen wir: ,,Vor zehn Jahren kam ich ins Kreuzspital, müde und kränklich. Der Herr Spiritual besuchte mich täglich, und ich freute mich überaus und bewunderte seinen Frohsinn, seine Heiterkeit, Freundlichkeit und seinen Humor. Wie ein eigener Bruder und alter Bekannter war er mir vom ersten Tage an.''

,,Wie ein eigener Bruder'' — gibt es ein schöneres Lob aus dem Munde jener, die täglich mit ihm zusammenlebten?

Und sie waren alle derselben Auffassung. Ihr Urteil gilt mehr als jenes von Menschen, die durch eine kurze Begegnung für ihn begeistert waren, obwohl ja auch solche Begegnungen oft wie ein Strahl vom Himmel wirken können. Aber es ist leichter, in schönen Augenblicken einen liebenswürdigen Menschen kennenzulernen und für ihn begeistert zu sein, als im mühselien Alltag einen zu finden, der immer wie ein Bruder gut und heiter bleibt, auch wenn man in all der schweren Arbeit nicht immer ein freundliches Gesicht macht und lieber niemanden anschauen möchte. Welche Liebe mußte den Auserwählten stets erfüllen, daß sie im Alltag niemals versiegte! Ja, er war wirklich der Mensch, der ganz und gar mit jeder Faser an Gott hing. Er war der Mann, der dessen Anruf ganz verstanden: ,,Du bist teuer in meinen Augen, wertvoll und geliebt. Ich rufe dich beim Namen, mein bist du'' (Jes 43).

Aus diesem Geheimnis heraus allein ist es zu begreifen, daß er immer und mit allen so gütig, freundlich und fröhlich sein konnte. Seine guten Anlagen, seine Kinderzeit, die Liebe und Geborgenheit bei Eltern und Geschwistern machten es ihm leicht, alle Menschen, denen er begegnete, wie ein Bruder zu lieben. Aber all diese Gegebenheiten waren ja Geschenke der Vorsehung, die ihn befähigten, die Stimme des Herrn in jeder Lebenslage zu hören: ,,Du bist teuer in meinen Augen, wertvoll und geliebt.'' Wer so geliebt wird, der kann nicht anders, als Liebe verschenken. Er ist gleichsam ein Kanal, durch den die „lebendigen Wasser" strömen, um die Trockenheit und Dürre der Menschenseelen zu beleben und in fruchtbares Erdreich zu verwandeln.

Diese Liebe war so einfach, ungezwungen, selbstverständlich wie die eines Kindes, so selbstlos, opferbereit und hingebend wie die einer Mutter, so weise und vorsorglich wie die eines älteren Bruders oder Vaters. So war das Wesen von Hans Amstalden, den sie alle so sehr verehrten und eigentlich nicht darüber nachdachten, warum er so und nicht anders war. Wie ein Engel kam er ihnen vor beim heiligen Opfer. Woher sein wunderbarer Gesichtsausdruck, der milde Blick, das feine Lächeln, die reine Stirne? Woher die Reife, die sich in dieser Seele so merkwürdig gebildet hatte und ausstrahlte in einer glücklichen Mischung von Kindesunschuld und Weisheit des Mannes?

Eines seiner Lieblingsgebete, das er fast täglich betete, sei hier erwähnt. Es zeigt sich darin sein innerstes Anliegen. (Siehe Seite 158)

* * *

Konvertiten

Merkwürdigerweise war der Spiritual des Kreuzspitals bald auch der Priester für Konvertiten von nah und fern. Gerade sein feines Einfühlungsvermögen für suchende und ringende Menschen, für Leidende und Geprüfte aller Art eroberte viele, die sonst vor keinem Theologen ihr Inneres eröffnet hätten. Die Augen der Kranken beobachten scharf, und die Herzen der Kranken empfinden mimosenhaft. Andersgläubige und Ungläubige wurden vom Spiritual ganz gleich behandelt, mit derselben Bruderliebe wie die Katholiken. Das sprach sich bald herum. Mancher Besucher wurde bekannt mit ihm und brachte wieder befreundete Menschen zu ihm. War es nicht, als wäre dieser Johannes gleichsam ein geistesverwandter Sohn des Heiligen Vaters Johannes XXIII., den er zwar nur noch kurze Zeit seines irdischen Lebens verehren und lieben konnte, ihm aber vom ewigen Leben aus ganz gewiß innigst nahestand. „Gut sein gegen alle" war ja auch der Lebensgrundsatz dieses jungen Johannes, Güte und Liebe auszuströmen in Ehrfurcht vor jeder Seele, jeder zu dienen, jede zu lieben, wie Christus sie liebt. Obwohl noch jung, war er durch Leiden und Gnade reif und so selbstlos, daß jeder, der ihm begegnete, der Überzeugung war, er sei sein Freund, jeder, nicht nur der Gläubige. Tiefe Ehrfurcht vor jedem Menschen war sein Wesenszug, Respektierung der menschlichen Freiheit. Auf keinen, der bei ihm Konvertitenunterricht erhielt, übte er irgendwelchen Druck aus. Und er hätte es gar als peinlich empfunden, wenn jemand um seiner Person willen und nicht aus lauterster Absicht von einer andern Konfession zur katholischen übergetreten wäre.

Ist es nicht ein wunderbares Zeugnis seiner Großzügigkeit und Weisheit, was er zu einer Konvertitin im letzten Augenblick vor ihrem endgültigen Entscheid sagte: ,,Ich möchte, daß Sie aus innerstem Herzen dazu ja sagen, denn schlechte Katholiken haben wir genug. Ich möchte Sie als guten wissen, sonst bleiben Sie, was Sie sind. Ich schätze Sie auch so weiterhin sehr.''

Die Konvertitin L. G. ist eine Frau, die den Spiritual des Kreuzspitals besonders gut kennenlernen durfte und ihm mit ihrer Familie übers Grab hinaus stets Treue bewahrt. Im Jahre 1951 kam sie als junge Witwe mit ihren zwei Kindern, die damals sechs und vier Jahre alt waren, zu einer Kusine nach Graubünden in die Nähe von Chur. Frau L. freute sich, von nun an mit Katholiken zusammenleben zu dürfen; denn schon von Jugend an, obwohl ganz unter Reformierten aufgewachsen, spürte sie in sich einen Drang nach dem katholischen Glauben. In ihrer neuen Heimat lernte sie auch bald den katholischen Mann kennen, der ihr zweiter Gatte und Vater ihrer Kinder werden sollte. Entschlossen pochte sie eines Tages beim katholischen Ortspfarrer an mit dem Wunsch, er möge sie in seinem Glauben unterrichten. Der vielbeschäftigte Herr wies sie an den ihm bekannten Spiritual Hans Amstalden. Das sei, wie man sage, ein ,,halber Heiliger''. ,,Der kann aus Ihnen bestimmt eine gute Katholikin machen'', fügte er lächelnd bei. Frau L. war sehr gespannt, jenen Priester kennenzulernen. Wie er wohl aussehen werde, dieser ,,halbe Heilige'', dachte sie auf dem Weg zum Kreuzspital. Etwa gar ernst und düster, mit scharfem Blick hinter dicken Brillengläsern? Oder behäbig und feierlich, mit rundem Gesicht und Glatze? Eine freundliche Schwester führte sie durch blitzblanke Gänge und pochte an einem Zimmer an. Es verschlug Frau Luzia beinahe den Atem, als sie dem schlanken, blassen, gütigen Priester gegenüberstand, und heute noch schreibt sie: „Er sah gerade so aus, wie ich mir schon immer den Heiland vorgestellt hatte, gütig, durchgeistigt, demütig. Es haftete etwas an ihm, das aus einer andern Welt kam. Ein Engel schien vor mir zu stehen. Noch nie vorher war ich einem solchen Menschen begegnet. Sein Gesicht war bleich und sein Ausdruck edel und im Leiden gereift. Es durchzuckte mich der Gedanke: Das ist ein Liebling Gottes, ein begnadeter Mensch. Ich bin heute noch stolz darauf, sagen zu dürfen, daß er mein Lehrer war."

Als der gütige Spiritual nun ihren Wunsch vernahm, sagte er: Mit großer Freude werde er sie als Schülerin annehmen, bat sie aber auch, mit ihm Geduld zu haben. —

Während neun Monaten, statt deren sechs, erhielt die Schülerin nun Unterricht. Sie verlangte Aufschluß über alles und war nicht immer leicht zufriedenzustellen, so daß der eifrige Lehrer mehr als einmal bekannte: „Sie machen es mir nicht leicht. Aber bedenken Sie, daß es Glaubensgeheimnisse gibt, die in diesem Leben uns nie offenbar werden und die kein Gelehrter mit dem schärfsten Verstand durchdringen kann. Da heißt es eben demütig glauben, ohne zu grübeln."

Wieviel der gottverbundene Priester für seine Anvertrauten betete, können wir nur ahnen. Es ging ja um Seelen. Er kämpfte immer wie ein tapferer Soldat für „seine Seelen", für die kranken und gesunden, für die, welche das Leben noch vor sich hatten, und erst recht für jene, die schon an den Toren der Ewigkeit angekommen waren. Eine treue Angestellte hat Frau L. verraten, daß der

Herr Spiritual oft nächtelang um die Rettung seiner Anvertrauten gebetet habe und daß sie dann am Morgen sein Bett unberührt gefunden habe. Eines Tages, als Frau L. sich wieder zum Unterricht einfand, bemerkte sie, wie das Antlitz ihres Lehrers, obwohl durchsichtig blaß, vor Freude strahlte. Er konnte das Glück, das ihn erfüllte, nicht in sich verschließen und erzählte: „Heute habe ich einen neunzig Jahre alten Fisch gefangen." Wieviel Opfer und Gebet dieser „Fisch" gekostet hatte, verriet er nicht, aber sein Lachen war so fröhlich, sein Auge so strahlend, daß man so recht die Seligkeit des Himmels spürte.

Am Vorabend des Weißen Sonntags 1953 kam für Frau L. G. der ernste Augenblick der ersten Beichte. Mit feiner Einfühlung gab ihr der weise Lehrer die letzten Ermahnungen. Er sprach ihr zu, sie möge noch einmal um klare Erkenntnis beten, denn er wünsche, daß sie aus innerstem Herzen, ganz frei ihr Ja sage. Schlechte und mittelmäßige Katholiken hätten wir genug. Sie spürte die Tragweite seines Wortes und sprach das freudige Ja.

Der Weiße Sonntag stieg strahlend herauf, als Frau L. G. das Wunder der Taufe erlebte und hierauf zum ersten Mal ihren Herrn und Gott in der Verborgenheit der Eucharistie empfangen durfte.

Wie sonderbare Wege und Mittel die Vorsehung benützt, um die Menschen dahin zu führen, wo sie glücklich werden und Gott verherrlichen, ersehen wir auch aus dem Schicksal eines jungen Schweden, der von seiner nordischen Heimat zum Skisport ins Bündnerland gereist war.

Wie herrlich waren die Berge im Glanz der Wintersonne! Wie freute sich der lebensfrohe Mann, wenn er durch den Schnee glitt. Auf einmal aber lag er im Kreuzspital in Chur. Ein Unfall, und vorbei war die Freude! Vorbei? Nein — über den Schweden neigte sich ein feines, frohes Gesicht, er fand einen Freund in der fremden Umgebung. Täglich war er da, der gute Spiritual, und der Schwede spürte den Strahl übernatürlicher Liebe wie eine neue Sonne. Eine ganz andere Welt als jene der Berge ging ihm auf. Er tastete wie ein Kind an der Hand des neuen Freundes, der ihm Lehrer und Führer wurde, in diese Welt hinein. Aus den Gesprächen entstand ein regelmäßiger Konvertitenunterricht. Die größte Entscheidung seines Lebens fiel im Kreuzspital vor diesem tieffrommen Priester. Der Patient wollte zur katholischen Kirche übertreten, er, dessen ganze Verwandtschaft in nördlichen Landen keine Ahnung vom katholischen Glauben hatte.

Als der Beinbruch geheilt war und die Abschiedsstunde kam, war ihm, als sei er ein neuer Mensch geworden. Er blieb seinem Freunde immer treu und durch Briefwechsel verbunden. Die größte Freude bereitete er ihm durch die Mitteilung, er fühle sich zum Ordensstand berufen und werde sich von der Welt zurückziehen. Heute ist er Ordensmann.

Gehörlosenseelsorger

Der Priester, mit seinem feinen Lächeln auf dem blassen Gesicht, erlebte mit seinem tiefen Gemüt Freuden ganz seltener Art, wenn er schöner Musik lauschen durfte. Alle jene, die ihn näher kannten, wußten darum. Er selber leitete mit Hingabe und ausgesuchtem Geschmack den kleinen Chor der Angestellten, und viel Leid und düstere Gedanken mußten weichen, wenn er mit seinen Sängern auftrat. Seine Getreuen suchten aber auch seine Feste zu verschönern. Hans Amstalden konnte man sich gar nicht denken ohne Gesang und Musik. Das lag ihm im Blut, schon als Bub hatte er mit seiner hellen Stimme die Herzen froh gemacht. Um so tieferes Mitleid fühlte er mit Menschen, denen solche Freuden verschlossen blieben, besonders mit den Gehörlosen. Als die Frage nach einem Seelsorger für Gehörlose auftauchte, wurde der Spiritual vom Kreuzspital genannt. Er würde sich gewiß hineinleben in so ungewohnte Zuhörer und große Kinder. Man machte ihm Mitteilung von dem eigenartigen Plan. Er wäre nicht Hans Amstalden gewesen, wenn er nicht sogleich freudig seine Bereitschaft zur neuen Aufgabe erklärt hätte. Nun ging es aber selber an ein Lernen. In St. Gallen ließ er sich unterrichten. Der Präsident des Gehörlosenvereins vom Kanton Graubünden lobte den Vereinsseelsorger mit folgenden Worten:

,,Spiritual Amstalden war ein wirklich ausgezeichneter und sehr liebenswürdiger Gehörlosenseelsorger. Er hat viele meiner Schicksalsgenossen besucht und hat vorbildlich den ,Verzweifelnden' mit Rat und Tat geholfen. Alle hatten ihn gern und schenkten ihm volles Vertrauen. Wenn er von Jesus erzählte, wurden alle Gehörlosen so froh im Herzen. Nachher saßen wir jedesmal gemütlich beisammen in der Gemeinschaft beim ,Zoben'. Herr Spiritual verstand es sehr gut, sich mit den Gehörlosen zu unterhalten. Er hat auch für sie Stellen besorgt. Nie hat er sich über zuviel Arbeit beklagt.''

Hinter diesen kurzen Sätzen liegt viel Selbsthingabe, unbegrenzte Güte und Liebe verborgen. Und eigenartig, wie der Mann nach Jahren noch weiß, wie sie froh wurden, wenn er von Jesus erzählte. Sie mußten es mehr noch als andere spüren, wie er Jesus ausstrahlte. Sie, denen die Ohren für die Geräusche der Welt verschlossen waren, besaßen vielleicht im Innern eine verfeinerte Antenne für den Empfang von Menschengüte und Gottesgnade, für die Sprache der Heiligen und Engel. Sie, die sonst so Einsamen, fanden in ihm einen Freund. Wie tröstete er die Armen. Wie dachte er nach, ihnen auch durch die Tat Hilfe zu bringen. Sehen wir ihn nicht auf seinem Motorrad landauf und landab fahren, einen Meister zu suchen für irgendeinen Schützling, eine verständige Hausfrau um Aufnahme für eine gehörlose Magd zu bitten? Und dabei verstand er es mit seinem freundlichen Lächeln und der liebenswürdigen, humorvollen Art, die ihm eigen war, fast immer, die Menschen für das gute Werk zu gewinnen. Enttäuschungen blieben ihm zwar auch nicht erspart, aber nichts und niemand konnte sein Wirken verhindern. Er lebte stündlich aus dem Willen Gottes und nahm Erfolg und Mißerfolg, Freude und Leid, Unannehmlichkeiten wie Liebenswürdigkeiten so an, wie die Vorsehung sie zuließ, im festen Glauben und der Erfahrung, daß alles ihm und den Mitmenschen zum besten gereiche. Darin lag ja das große Geheimnis seines frohen Lebens.

Theresia von Lisieux stand ihm hierin besonders nahe, sie, die sich am Morgen freuen konnte in Voraussicht der unangenehmen Dinge, die der Tag etwa bringen werde, und es so gut verstand, aus ihnen kleine Geschenke zu machen für den geliebten Meister. Es braucht dazu mehr Heroismus als zu berühmten Taten. Gott weiß aber auch eine solche Hingabe großzügig mit einem unaussprechlichen Frieden zu belohnen, der dann spürbar wohltuend auf die andern ausstrahlt. Ist es da nicht selbstverständlich, daß einfache Menschen so froh wurden in seiner Gesellschaft? Ist es nicht ein Wunder der Gnade, wenn Nichtkatholiken, die aber Gott näher standen als Namenskatholiken, sogar den Ausspruch taten, wenn der Spiritual komme, glaube man Christus zu begegnen?

Die Gehörlosen waren seine besonderen Freunde. Am liebsten hätte er, gleich seinem Herrn und Meister, ihnen die Ohren geöffnet und gesagt: „Ephphatha, tu dich auf!" Aber er wußte auch und konnte es immer wieder erfahren, daß viele von ihnen gerade durch diese Sinnesbehinderung vor manchem bewahrt blieben, was ihren Seelen Unfrieden und Unruhe gebracht hätte. Und vor allem war er sich bewußt, daß seine Verbindung mit ihnen ihm die große und frohe Pflicht auferlegte, ihr einsames Leben mit Freude zu nähren, sie die wahre innere Freude kennen und kosten zu lehren. Oft bat er den Herrn, daß er sie einst im Himmel die allerherrlichsten Melodien genießen lassen möge mit dem Geist, der niemals „gehörlos" ist.

In seinem weiten Bekanntenkreis befand sich auch ein gehörloses Ehepaar. Zu einer Gehörlosentagung in Ilanz hatten sie ihren geweckten Buben, der normal wie andere hörte, mitgebracht. Welche Freude für Hans Amstalden, der Freund dieser kleinen Familie zu werden. Sein gutes Herz gewann rasch jenes des Dreizehnjährigen, der ja, wie man sich denken kann, durchaus nicht in normalen Verhältnissen aufwuchs. Lassen wir ihm, dem heutigen Frater Damian Weber von der Mariannhiller-Mission, das Wort: „In Ilanz, bei einem Gehörlosengottesdienst, trafen wir uns zum erstenmal. Ich war etwa dreizehn Jahre alt. Er imponierte mir." Um einem Dreizehnjährigen zu imponieren, braucht es eine frohe Art. Dadurch konnte er auch ein Freund der Jugend sein.

Freund der Jungen

Warum sie sich so wohl fühlten bei ihm, die Jungen, daß sie ihn sogar im Kreuzspital aufsuchten, einem Haus, das doch für junge, fröhliche Menschen keinen Anziehungspunkt bedeutet? Eines war gewiß, Hans Amstalden war großzügig und, wie alle, die ihn kannten, immer wieder bezeugen, ein Mensch der Freude. Ein eigenartiges frohes Fluidum strahlte aus von ihm, nicht nur auf die Leidenden und vom Tode Gezeichneten, sondern auch auf die Jugend, die das Leben vor sich hatte. Darf man es ein Charisma nennen? Es war ja wirklich eine Gnadengabe für die andern. Was er von Natur aus schon besaß, war von der Übernatur zur herrlichsten Entfaltung gebracht. Er war ein guter Psychologe und wurde vom Heiligen Geist als Werkzeug benutzt. Und hier muß man wieder innehalten und im Geiste zurückkehren ins Vaterhaus im »Wyer«, wo Hans, geborgen in der Elternliebe, inmitten vieler Geschwister, so ganz natürlich sich entfalten konnte wie eine Pflanze im günstigsten Erdreich unter der Sonne. Er wußte, was die Buben brauchten, er engte sie niemals ein. Das einstige Sorgenkind Georges, heute Frater Damian, schreibt: ,,Stets war er gut gelaunt und hatte einen goldenen Humor. Das gefiel mir. Und vor allem gefiel mir, daß ich auf privaten Plätzen, wo ich niemanden gefährden konnte, mit seinem ,Quickli' fahren durfte. Gerne folgte ich seiner Einladung, ihn in Chur zu besuchen, und bald war ich im Kreuzspital ein bekannter Gast. Oft traf ich bei ihm auch andere Knaben meines Alters, und immer war es lustig und fidel. Wenn er sich freimachen konnte, nahm er uns mit auf kleine Ausflüge und Bergtouren." Singend zogen sie aus mit „ihrem Spiri", denn daß er ihnen gehörte, war für sie selbstverständlich. Keiner konnte ahnen, welch durchwachte, von Gebet und Schmerzen erfüllte Nächte der große Freund hinter sich hatte. Es war ihnen allen so wohl an seiner Seite.

Georges, den klugen Lausbuben, suchte er besonders auch zur Arbeit anzuhalten, war doch der Knabe zu Hause viel zu wenig beschäftigt und darum zu allen Streichen aufgelegt.

„Kannst mir bei einer Arbeit helfen?" fragte er ihn eines Tages in der Ferienzeit.

„Aber natürlich." Was das wohl wäre? Den ganzen Abend ging's dem Buben nicht mehr aus dem Kopf. Am Morgen früh nahm er sein Velo, erklärte der Mutter, er müsse dem „Spiri" helfen, und radelte nach Chur.

Spiritual Amstalden verfaßte damals eine kleine Schrift über seinen heiligmäßig verstorbenen Großonkel, den Auswanderer-Kaplan Amstalden. Er hatte allerlei Bogen auf dem Schreibtisch, es gab manches zum Ordnen und Abschreiben. Georges fühlte sich gar wichtig als Sekretär, er, der Primarschüler. Bruder Damian bestaunt heute noch, und heute erst recht, rückblickend auf jene Zeit, die große Einfühlungsgabe des Priesters. Er sagt: „Immer wieder staune ich, wie dieser Mann es fertigbrachte, seine Umgebung, seine Mitmenschen zu überzeugen, daß ihre individuelle Haltung, ihr Tun und Handeln wertvoll und notwendig sei."

Lautet dieses Bekenntnis nicht ganz ähnlich wie die Worte, die Christus zu einer Auserwählten gerade jener Tage sprach und die möglicherweise auch Spiritual Amstalden bekannt waren: ,,Ich wollte, jede Seele könnte es verstehen, daß sie mir in einzigartiger Weise lieb ist, daß sie ihren eigenen Platz in meinem Herzen hat, den keine andere einnehmen kann, daß sie ihre eigene Sendung hat, die keine andere wie sie erfüllen wird. Wenn sie sich weigert, dann wird das, was sie hätte tun können, nicht geschehen.'' Wie wertvoll war ihm diese Erkenntnis! Darin lag ja das große Geheimnis seiner Freundschaften. Weil er ganz aus der Überzeugung lebte, daß der Schöpfer jedem Menschen seine besondere und individuelle Aufgabe gebe, die zu lösen eben nur er persönlich berufen sei, versuchte er die Eigenart seiner jungen Freunde zu verstehen, ihre Anlagen zu studieren und immer wieder jede noch so kleine positive Äußerung anzuerkennen.

Ohne daß es den Buben bewußt war, tastete er mit feinstem Fingerspitzengefühl ab, ob der eine oder andere von Gott zum Priester- oder Ordensberuf auserwählt sein könnte. Niemals übte er einen Zwang aus, und er hätte als erster vor jeder Entscheidung dasselbe Wort wie zur Konvertitin gesprochen: ,,Ich möchte, daß du aus innerstem Herzen Ja sagst.'' Nie und nimmer mußte einer zu spüren bekommen, wenn er das gute Priesterherz enttäuscht hatte, weil er dessen heißesten Wunsch nicht erfüllen konnte.

Manchen Studenten hat er unterstützt, aber sie gingen nicht alle den Weg, den er erhofft hatte. Hingegen bekannten einige junge Theologen, sie seien durch Hans Amstalden zum Priestertum gekommen, nur weil sie das Glück hatten, ihn kennenzulernen. Hören wir wieder das

Wort Frater Damians, jenes besondern Schützlings von Hans Amstalden: „Spiritual Amstalden war es auch, der mir den Weg zum Studium ebnete und mir in allen Anfangsschwierigkeiten half. Wie ein Vater war er zu mir: liebevoll und streng ..." Georges hatte wohl einen Vater, aber man stelle sich einen quicklebendigen, zu allen Streichen aufgelegten Jungen vor, dessen Vater gehörlos ist. Die Vorsehung schenkte ihm in seinem „Spiri" einen zweiten Vater, „liebevoll und streng", von dem er weiter erzählt: „Ja, auch streng! Einmal ertappte er mich, wie ich im Garten des Kreuzspitals Enten mit Steinen bewarf, und ein andermal, wie ich heimlich rauchte. Da gab es anschließend nichts mehr zu lachen. Streng, aber gerecht ging's ins Gericht."

Sonderbar, wie vielen Hans Amstalden Vater, Freund, Bruder sein konnte in den zwölf kurzen Priesterjahren und der einzigen Station seines Lebens. Die zwölf wie durch ein Wunder geschenkten Jahre waren angefüllt bis zum Rande mit selbstloser, heiliger Liebe. Wahrhaft, Bruder Klaus hat sie ihm nicht umsonst erfleht!

Brasilien

Täglich grüßte Hans den Auswanderer-Kaplan Amstalden, dessen Bild in seinem Zimmer hing. Täglich, ja immer heftiger brannte in ihm das Verlangen, die Orte kennenzulernen, die der Großonkel geheiligt hatte durch sein opfervolles, wunderbares Sorgen und Beten für die große ausgewanderte Obwaldner-Familie in Helvetia.

Briefe von Verwandten gingen hin und her. Tante Agnes, des Vaters jüngste Schwester, lud ihn herzlich ein, herüberzukommen ins ferne Brasilien, wo ihn viele, viele Freunde aus der Heimat erwarteten.

Hans Amstalden legte Franken um Franken in seine Reisekasse, bereitete alles vor und meldete sich an für das Pilgerschiff, das 1955 von Genua nach Rio de Janeiro zum Eucharistischen Kongreß fuhr. Es war am 2. Juli, dem Fest Maria Heimsuchung 1955, als der wanderfrohe Priester die Schweiz verließ, reich beladen mit Grüßen für die fernen Verwandten.

Frau Agnes Ming-Amstalden bereitete für ihn in ihrem Heim in Helvetia das Gastzimmer. Tagelang war sie ganz aufgeregt, besuchte das eine und andere ihrer über zehn Kinder und verkündete ihnen die große Freude, daß Hans, der Priesterneffe, zu einem längeren Aufenthalt in die Kolonie Helvetia kommen werde. Sie bilden ja heute noch zum Teil alle eine große Familie, die Freud und Leid miteinander teilt, obwohl ihre Väter und Mütter, die 1881 die Heimat verlassen hatten, schon längst auf dem Friedhof des fremden Bodens ruhen. Sie wußten alle, daß der angekündigte Besuch ein Großneffe ihres hochverehrten Kaplans Niklaus Amstalden war und zu dessen Bekanntmachung und Verehrung schon lange seine Kräfte einsetzte. Wie sie sich alle freuten, wieder einmal die urchige Obwaldnersprache zu hören! Manche von ihnen hatten die Schweizer Heimat schon besucht, für andere war sie ein ferner Traum. Mit der Ankunft des Obwaldner-Priesters kam die Heimat ihnen übers Meer entgegen. Noch heute lebt er drüben im Gedächtnis der Schweizer Kolonisten. Seine achtzigjährige Tante Agnes, gestorben 1975, 90jährig, erinnerte sich noch so gut an all die glücklichen Augenblicke jenes Sonnentages 1955, als Hans dem Flugzeug, das von Rio de Janeiro kam, entstieg und mit seinem strahlenden Lächeln den Verwandten entgegentrat. ,,Im Sturm eroberte er alle Herzen", sagte sie. Sie schrieb am 28. November 1955, nachdem Hans Brasilien wieder verlassen hatte und in Chur seine Kranken betreute, an die Mutter Amstalden: ,,Wie freute uns alle dieser liebe Besuch. Nur zu schnell vergingen die Tage seiner Anwesenheit. Durch sein bescheidenes und freundliches Auftreten hat er die Herzen im Sturm erobert. Unser Herr Pfarrer hätte bald ,eifersüchtig' werden können ob seiner leutseligen Art. Daß die Leute mit solcher Anhänglichkeit ihm zugetan wären, hätte ich selbst nicht gedacht, und mir wurde gesagt, daß ich stolz auf diesen Neffen sein könnte." Und elf Jahre später, wieder um elf Jahre älter, erinnerte sich die Tante in einem Briefe nochmals an den Besuch des geliebten Neffen. Die Schrift war feiner und kleiner geworden, weniger energisch als im Brief von 1955, aber klar und gut leserlich. Sie bestätigte nochmals, wie er überall mit Freuden aufgenommen wurde und die Herzen sogar solcher, von denen man es niemals erwartete, im Flug gewonnen habe, und wie man ihn am liebsten in Helvetia behalten hätte.

Helvetia — wie ein Traum verflogen die herrlichen Tage mit Ausflügen nach Indiarituba, Campinas, Sao Paulo, nach Brasiliens größtem Wallfahrtsort Maria Aparecida. Wohin es ihn aber am meisten zog, war der Ort Sitio Grande, wo der heiligmäßige Kaplan Niklaus Amstalden sein Leben mit den armen Ansiedlern auf einem Großgrundbesitz seit 1881 in großer Armut und harter Arbeit geteilt hatte. Schon seit 1854 arbeiteten dort frühe Auswanderer aus der Heimat. Tiefe Ehrfurcht erfüllte Hans, als er die Worte über den Großonkel gelesen: ,,Damit hatten die Kolonisten einen geistlichen Führer, Berater, auch Tröster und Schiedsrichter. Selbst von spartanischer Einfachheit in der Lebensführung und aszetischer Mäßigkeit und Enthaltsamkeit, arbeitsam bis zur Hacke und Sichel, um seinen Landsleuten ja nicht zur Last zu fallen, gab er ein leuchtendes Beispiel für das Kolonistenleben.

Er hatte in einem Facendahaus eine kleine Kapelle eingerichtet, hielt dort regelmäßig Gottesdienst und übte alle geistlichen Funktionen aus. Streng hielt er seine Gemeinde zu einem christlichen, gottesfürchtigen Wandel an. Um ihn hatte sich die religiöse und kirchliche Gemeinschaft fest gebildet." — ,,Wie glücklich werden sie in der ewigen Heimat nun vereint sein, all die armen Auswanderer mit ihrem wahrhaft geistlichen Vater", dachte der junge Priester, und es wurde ihm so recht tief im Innersten bewußt, daß diese Erde nur der Weg ist zur ewigen Heimat.

Große Freude bereitete es ihm, einige verehrungswürdige Gegenstände des im Rufe der Heiligkeit verstorbenen Großonkels zu sammeln und sie in das Häuschen seiner letzten Lebensjahre in Helvetia zu bringen, darunter Brevier, Kelch, Stola und Patene. Welche Freude bereitete ihm Onkel Franz, als er eines Tages mit einem Kreuz an Hans herantrat. ,,Das schenke ich dir, unser ehrwürdiger Onkel hatte es über seinem Altar in der Einsiedelei." Des Neffen Augen strahlten.

Als er an die Mutter am 3. September zu ihrem Namenstag schrieb, erzählte er: ,,Eine besondere Freude muß ich Dir, liebe Mutter, noch mitteilen: Onkel Franz hat mir ein unerwartetes Geschenk gemacht. Er gab mir das Kreuz (30 cm groß), das der fromme Kaplan über seinem Altar in der Einsiedelei hatte. Wenn es auch sehr einfach ist und sich von anderen Kreuzen nicht viel unterscheidet, so ist es doch für jeden, der darum weiß, von großem Wert." Und weiterhin berichtete er der Mutter, es gehe ihm wider Erwarten gut. „Ich habe Verwandte und Bekannte besucht von nah und fern, oft bin ich auch den ganzen Tag abwesend von der treubesorgten Tante Agnes. Ich frage die Leute über den frommen Kaplan aus, und immer wieder lautet die Antwort: Wenn der nicht heilig ist, dann wird es keiner mehr. Ich habe den Eindruck bekommen, daß von dieser Seite für seine Seligsprechung nichts im Wege steht. Die Bitte um den Prozeßbeginn an den Bischof von Campinas, zu dessen Diözese der Kaplan gehörte, wird vor meiner Abreise Ende September an seine Kanzlei eingereicht werden. Das Weitere liegt in Gottes Hand …" Überall, wo Hans hinkam, lenkte er das Gespräch auf den Auswanderer-Kaplan. Er teilte allen Gebetszettel mit Novenen und kurzer Lebensbeschreibung aus. Warum ihm das Anliegen einer Seligsprechung so sehr am Herzen lag, können wohl jene am besten begreifen, die mit ihm in der Heimat die Heiligsprechung des Landesvaters Bruder Klaus miterlebt haben, die wie er erfahren durften, was für Gnadenströme ein solches Geschehen erschließt, nicht allein für die glücklichen Teilnehmer, nein, für Generationen. Viele Freunde und Verwandte begeisterte er von neuem zur Verehrung „ihres Heiligen".

Hier sei noch ein beeindruckendes Erlebnis erzählt:

Eines Tages, als sie beide ihr Mittagsschläfchen machten, hörte Hans deutlich seinen Namen rufen. Er erhob sich, in der Meinung, die Tante habe ihn gerufen. Sie aber spaßte, im Glauben, er habe geträumt. Er legte sich nochmals nieder. Horch, wieder rief es: ,,Hans!" Die Tante war es auch diesmal nicht, und niemand kam sonst in Frage. Es stellte sich bald darauf heraus, daß zu eben derselben Stunde daheim eine nahe Verwandte gestorben war.

Auch erlebte Hans noch eine besondere Freude, als er in der Maria-Lourdes-Kirche der Schweizerkolonie das erste Kindlein seiner Verwandten Frieda Amstalden taufen durfte, in jener Kirche, wo er so oft gebetet vor dem St.-Josefs-Altar am Grab des heiligmäßigen Großonkels. Tante Agnes begleitete den Neffen auch zu ihren Söhnen und Töchtern. Es war eine eigentliche Festzeit für sie alle. Viele farbenfrohe Bilder trug der glückliche Besucher in seiner Kamera nach Hause.

Aber es kam der Tag des Abschieds. Wehmut erfüllte alle Herzen, als der liebe Gast zum letztenmal das heilige Opfer feierte. Wer jedoch hätte geahnt, daß der schlanke, große Mann schon bald vom Tode gezeichnet sein würde? Es ist gut, daß Gott seine Schleier über die Zukunft ausbreitet. ,,Auf Wiedersehen! Auf Wiedersehen!" hieß es beiderseits beim letzten Händedruck.

Hans fuhr wieder über den weiten Ozean nach Europa. Das Herz blieb aber noch lange in Brasilien. Das konnten alle spüren, als er längst wieder daheim in der kleinen Schweiz war und glückstrahlend von seiner Reise erzählte. Das konnte vor allem auch jene Festversammlung im Hotel ,,Metzgern" in Sarnen, wo auch Vater und Mutter Amstalden waren, verspüren, die sich auf Einladung von Spiritual Amstalden am Neujahrstag 1956 zusammengefunden hatte und seine prächtigen Farbbilder bestaunte und dem liebenswürdigen Erzähler lauschte. Manch einer erkannte im Bild seine Verwandten im fernen Brasilien und war für kurze Zeit vereint mit Onkeln und Tanten und Vettern. Sein Hauptanliegen aber, das alle in besonderer Weise berührte, war selbstverständlich jenes, in allen Anwesenden Hochachtung und Liebe für den heiligmäßigen Auswanderer-Kaplan zu erwecken. „Fast wie ein Bruder Klaus hat er gelebt", dachte mancher der ergriffenen Zuhörer.

Bald darauf, und sooft die Pflichten ihn nicht daran hinderten, begann Hans Amstalden mit der Abfassung einer kurzen Lebensbeschreibung, betitelt „Der Auswanderer-Kaplan Niklaus Amstalden" (Kanisius-Verlag, Freiburg). Wenn wir die Worte am Schluß seiner Schrift lesen, ist es, als stehe der junge Verfasser selber vor uns. Der Kenner und Verehrer von Kardinal Newman führt ein Zitat von ihm über die Heiligen an: „Die Heiligen sind die liebenswürdigen und vollkommenen Anschauungsbilder der neuen Schöpfung, die unser Herr der geistigen Welt geschenkt hat." Und er schließt daran seine eigenen Worte: „Die materialistische Welt verkennt sie. Im Kreise jener aber, die aus Gott geboren sind, leuchten sie auf. Ihr Wort, ihr Beispiel hat eine bezwingende, unwiderstehliche Art. Es überzeugt den Schwachen, den Furchtsamen, den Schwankenden und den Suchenden. Ein begnadeter Mensch rettet seine Gemeinde, sein Volk für kommende Jahrhunderte. Darum verehrt ihn sein Volk."

Auf seine Initiative wurde in der untern Friedhofkapelle Sarnen das Leben des Paters Lukas Ettlin und des Auswanderer-Kaplans Niklaus Amstalden in der Kolonie Helvetia als Mosaik dargestellt.

Als Hans schon längst heimgegangen war, wurde einer seiner Verwandten, Constantino Amstalden, 1971 zum

Bischof der Diözese Sao Carlos ernannt. Es ist dies ein Enkel des im Jahre 1881 ausgewanderten Benedikt Amstalden, des Stiefonkels von Hans (+ 4. Juli 1935).

Wer hätte damals gedacht, als der heiligmäßige Auswanderer-Kaplan Niklaus Amstalden die Obwaldnergruppe nach Brasilien begleitete, um seinen Landsleuten Priestervater zu sein, daß einer aus seinem Geschlechte dort Bischof sein würde.

Maria in seinem Leben

Ein zartes, wunderbares Geheimnis in diesem früh vollendeten Leben! Oft kam das Wort über seine Lippen: ,,Ohne die Mutter Gottes kommt man nicht weit, ohne sie kein Erfolg im Priesterleben.''

Als Knabe schon liebte er sie mit der warmen, zutraulichen Liebe des Kinderherzens. Wie oft war er mit der Mutter und den Geschwistern in der Morgenfrühe ins Melchtal gepilgert zur Madonna. Und wenn er heimkam in den Ferien, wiederholte er stets diesen Pilgergang. Sie hatte es ihm angetan. Einen Sohn des heiligen Bruder Klaus kann man sich gar nicht denken ohne tiefe, innige Verehrung dieser himmlischen ,,Kaiserin'', wie jener sie gerne nannte und in seinen Tagen und Nächten im stillen Ranft durch stete Betrachtung ihres Lebens in wunderbare Vertrautheit mit ihr kam, so daß er sie schauen durfte.

Einen Sohn des heiligen Bruder Klaus kann man sich nicht vorstellen ohne Rosenkranz. Er ist die Waffe, mit der Siege errungen werden, zwar eine feine Waffe, aber unfehlbar wirkend, damals im Ranft wie heute. Hans Amstalden verstand diese Waffe zu gebrauchen.

Maria, die große Siegerin in den Schlachten Gottes, verließ ihn nie, wenn er um die Seelen rang. Aber er verließ auch sie nie. Es gab Nächte — und diese kehrten öfters wieder —, da der Roenkranz unaufhörlich durch seine Finger glitt, Stunde um Stunde verrann, der Himmel sich wieder aufhellte und der Morgen erwachte, ohne daß der Beter sich niedergelegt hatte. Dann, wenn es um eine Seele ging, wenn der Satan alle List anwandte, um sie in der letzten Entscheidung zu erringen, dann spürte der auserwählte Priester, daß nur die Eine, Große, Unbefleckte den Feind besiegen könne. In solchen Nächten klammerte er sich an diese wunderbare Mutter, in solchen Nächten war sie sein Hoffnungsstern, seine große Trösterin, die ihm wie durch ein Wunder Kraft gab zum Durchhalten. Er hätte solche Stunden ohne übernatürliche Hilfe nicht ertragen können, er war ja selber nie gesund. Aber in der himmlischen Gesellschaft, die ihn umgab, wenn die Menschen ruhten, war ihm so wohl. Sie alle, die Engel und Heiligen, mußten ihm beten helfen. In diesen Nächten ward sein Zimmer im Kreuzspital gleichsam eine zweite Ranftzelle. Niemand wußte es, nur die treue Angestellte fand am nächsten Morgen das Bett unberührt vor. Und zur Verwunderung der Krankenschwestern verlangte ein armer Sünder plötzlich nach dem Priester. Menschen, die jahrzehntelang fern von Gott gelebt hatten, durfte er heimführen in die Arme des Vaters.

Das Wort Marias an die Kinder von Fatima: ,,Es kommen so viele Seelen in die Hölle, weil niemand sich für sie opfert und für sie betet'', nahm der gute Priester mit vollem Ernst auf. Wie viele Seelen durch ihn Gott gefunden haben, wird einst im ewigen Leben offenbar werden; denn Gott rechnet ganz anders als wir, und seine Großzügigkeit ist nicht zu ermessen. Und wo die große Gnadenvermittlerin einen Menschen findet, der sein Beten, Leiden, Arbeiten ganz in ihre Hände legt, vollziehen sich die unbegreiflichsten Gnadenwunder. Die Königin des heiligen Rosenkranzes hat so große Verheißungen an dieses einfache, tiefe Gebet geknüpft, die wohl nur jene begreifen können, die es in Treue und Beharrlichkeit üben. Hans Amstalden wußte es, er begriff, vom Heiligen Geiste erleuchtet, die Schönheit und Tiefe des Rosenkranzgebetes. Er glaubte an die Verheißungen Marias, ja er hatte eine Gewißheit in sich, daß es ihm unmöglich gewesen wäre, daran zu zweifeln. Es war ihm, als sagte sie ihm persönlich:

,,Denen, die wahrhaft andächtig meinen Rosenkranz beten, wird im Himmel eine besondere Glorie zuteil werden.

Alles, um was man mich mittels des heiligen Rosenkranzes bittet, wird man erhalten.

Jene, die an der Verbreitung meines Rosenkranzes mitarbeiten, werden in all ihren Nöten meine gütige Hilfe erfahren.

Jene, die meinen Rosenkranz beten, sind meine bevorzugten Kinder und Brüder Jesu Christi, meines eingeborenen Sohnes.

Die Andacht zum heiligen Rosenkranz ist ein besonderes Merkmal der Auserwählung.''

Ja, ohne die Königin des heiligen Rosenkranzes könnte man sich Hans Amstalden nicht denken. Wie wunderbar innig erlebte er immer wieder das Geheimnis der Menschwerdung! Weihnacht war für ihn von Jugend auf ein seliges Erlebnis, das sich immer mehr vertiefte, je älter und reifer er wurde.

Im freudenreichen Rosenkranz versenkte er sich in Marias Glück. Nazareth, Bethlehem, der Tempel in Jerusalem, sie waren für ihn keine unbekannten Orte.

Sr. E. erinnert sich an eine seiner Predigten im Advent und erzählt: „Eine Adventspredigt brachte er einst so anschaulich und lebendig vor, daß man glaubte, das Jesuskind liege in seinen Armen. Er schilderte es so kindlich und lächelte dazu so ungezwungen. Ich schmunzelte zugleich und freute mich. Er sah mich an, und wir beide lachten fast laut."

Freude, lautere Freude erfüllte in solchen Stunden sein Herz, das eins war mit dem unbefleckten, reinsten Mutterherzen Marias. Mit diesem reinsten Herzen teilte er aber nicht nur die Freuden, sondern er war Marias Tröster und begleitete sie im schmerzhaften Rosenkranz an alle Leidensstätten ihres Lebens bis nach Golgotha.

Und wieder ward sein Zimmer zum Ranft, wo er mit Bruder Klaus die Schmerzensmutter tröstete. Ein Tröster war er ja immer, er konnte niemanden leiden sehen, ohne zu trösten. Dafür empfing er auch von ihr wieder unvergleichliche Liebe und Kraft zum Ertragen seiner vielen verborgenen Leiden.

Aber der Grundton seines Herzens war zeitlebens die Freude. Darum war auch die Freude so lauter und tief, wenn er im glorreichen Rosenkranz Maria begrüßte und sie mit dem verklärten Herrn in ihre Verherrlichung begleitete. Daß sie zur Königin des Himmels und der Erde gekrönt worden war, daß die Macht ihres unbefleckten Herzens über alle Finsternis siegen werde, davon war Hans Amstalden ganz überzeugt, und Maria hatte ihm diese Wahrheit auch schon so oft bewiesen. Wenn alles dunkel und undurchdringlich schien, kam diese Königin und Mutter mit ihrem reinsten Licht und hellte die Finsternis auf, oft im letzten Augenblick eines Menschenlebens. Das unbefleckte und schmerzvolle Herz Marias, dem der junge Priester sich ganz geweiht hatte, war seine sicherste Zuflucht.

Außer dem Rosenkranz, dieser mächtigen Waffe im Kampf gegen den bösen Feind, trug Hans noch eine zweite solche stets verborgen bei sich, die „wunderbare Medaille". Es war eine eigenartige Fügung der Vorsehung, daß in seinem Primizjahr 1947, dem Heiligsprechungsjahr unseres Landesvaters Bruder Klaus, auch eine unbekannte französische Nonne, mit Namen Katharina Labouré, zur Ehre der Altäre erhoben worden war. Eben dieser verborgenen, stillen Klosterfrau hatte sich die allerseligste Jungfrau in Paris im Jahre 1830 gezeigt und von ihr verlangt, daß man eine Medaille zu Ehren ihrer unbefleckten Empfängnis prägen sollte mit der Anrufung darauf: „O Maria, ohne Sünde empfangen, bitte für uns, die wir zu dir unsere Zuflucht nehmen." Der Wunsch der Mutter Gottes wurde erfüllt, die Medaille geprägt und verbreitet, ihr Siegeszug über die Dämonen erschütterte Tausende. Bekehrungen, Heilungen, Wunder aller Art geschehen an jenen, die sie mit Vertrauen tragen oder verbreiten. 1947 wurde im Auftrag und unter dem Namen seines geistlichen Vaters, Werner Durer, das Buch „Siegeszug der wunderbaren Medaille" herausgegeben. Von neuem wurde die Medaille der Unbefleckten bekannt. Es gab wohl kaum einen, der größeres Vertrauen zu ihr hatte als der Spiritual des Kreuzspitals, und sein unbegrenztes Vertrauen blieb niemals unbelohnt. Wenn keine der Krankenschwestern mehr an die Bekehrung von einem der vielen Todgeweihten glaubte, trat der

122

Krankenseelsorger ruhig lächelnd ans Sterbebett; nicht er allein, o nein, mit ihm die große, wunderbare, gütigste Mutter. Das kleine Bild der Unbefleckten, geprägt in Aluminium, Silber oder reinem Gold, strahlte seine Wunderkraft aus, wenn der tiefgläubige Priester es den Kranken brachte und sie damit segnete. Auch bei jenen, vor welchen er es klugerweise verborgen hielt, blieb die Wirkung nicht aus. Hans Amstalden zweifelte nie an Marias Versprechen, die sie an diese Medaille geknüpft hatte. Er richtete an sie seine selbstlosen Bitten für andere. Darin lag wohl das Geheimnis seiner Erhörungen.

Wie sein Herr und Meister einzig in diese Welt gekommen war, um die Menschen zu retten und den Vater mit Ihnen allen zu verherrlichen, wie Maria nur für ihn lebte und heute und immer nur daran denkt, ihre Kinder zu retten, zu beglücken und dem göttlichen Sohne zuzuführen, so stellte auch ihr auserwählter Diener jeden Augenblick und Atemzug seines Lebens selbstlos in den Dienst für die Mitmenschen.

Wenn auch der einstige Bauernbub mit beiden Füßen auf der Erde stand und die irdischen Nöte alle kannte, lebte er doch stets in der Höhe des Himmels und war so eigentlich befähigt, der Menschen Bitten weiterzuleiten durch seine lautere, selbstlose Seele ins Herz der gütigsten und selbstlosesten aller Mütter, der großen, weisen Gnadenvermittlerin.

Die edelsten Freuden seines Lebens wurden ihm aber auch durch die „Ursache unserer Freude" zuteil.
Wie oft hatte ihr mitleidvollstes Herz ihn leiden gesehen! War es nicht, als ob sie in zarter Aufmerksamkeit schon im irdischen Leben vergelten wollte, was er für sie tat? Wie oft erkannte er ihre Mutterhand in kleinen Überra-

schungen des grauen Alltags. Wie herrlich tat sie sich ihm aber auch kund in den großen Freuden des Lebens. Und unter diesen ganz großen Freuden waren jene der Wallfahrten zu ihren Gnadenorten wohl die vorzüglichsten. Es ist wahr, Maria kann sich ihren Kindern überall zeigen, aber es ist ebenso wahr und eine nicht zu bestreitende Realität, daß einzelne Orte dieser Erde von ihr besonders bevorzugt sind und daß dort der Himmel sich niederläßt zu den Armen, zu den Kleinen und Demütigen. Und wo geschieht dies spürbarer als in Lourdes? Lourdes durfte Hans Amstalden erleben. Als er schon unsäglich viel gelitten hatte, ward ihm die Freude zuteil, Maria in Lourdes zu besuchen.

Es war im Frühling 1958, als Lourdes seine Hundertjahrfeier beging und die Pilger aller Nationen sich dort einfanden. Er hatte sich einer Gruppe angeschlossen, die mit einem Car dem großen Schweizer Pilgerzug für Gesunde und Kranke folgte.

Er war auffallend liebenswürdig und freundlich gegen die Mitreisenden, so daß sie sich bald wie eine Familie fühlten. Eines ältern Herrn aus seiner Obwaldner-Heimat, der ein schweres heimliches Leiden in sich trug, nahm er sich wie ein Sohn an, obwohl er selber schon schwer krank war und nur mit großer Mühe und mit großem Vertrauen zu Maria die Heimreise bewältigen konnte. Seine leibliche Schwester, die auch bei der Pilgergruppe war, bestätigt dies. Hans Amstalden verstand es immer wieder, alle aufzuheitern. Sie sangen und beteten, dazwischen wurde geplaudert und manch froher Spaß erzählt.

Auf der Heimreise fanden sich in Paray-le-Monial die zwei Obwaldner als erste in der Morgenfrühe vor der verschlossenen Pforte. Als eine Klosterfrau öffnete, beteten sie am Grabaltar der heiligen Margareta Alacoque, der Auserwählten des heiligsten Herzens Jesu.

In Nevers standen die Pilger lange vor dem Sarkophag der kleinen Bernadette, deren Augen schon auf dieser Welt vor hundert Jahren achtzehnmal die heiligste Jungfrau schauen durften, in jener dunklen Felsengrotte, welche das Ziel und die Sehnsucht von Millionen wurde. Bernadette, die arme kleine Kranke — arm und klein und krank fühlte ja auch er sich —, Bernadette, ein Lieblingskind der allerbesten Mutter; hatte nicht auch er die Liebe dieser Mutter in ganz außerordentlicher Weise schon oft erleben dürfen? Die Sehnsucht nach Lourdes wuchs vor dem Sarkophag der heiligen Bernadette, deren Körper — hinter Glas deutlich sichtbar — bis heute unverwest erhalten blieb. — Lourdes — endlich war es erreicht! Mochten Tausende und Tausende bei der Grotte beten, sie störten ihn nicht. Hans spürte nur eines: ,,Hier ist Sie'', die Unbefleckte, die Gütigste, Weiseste, Mächtigste. Sie ist da, wenn das Auge sie auch nicht sehen kann. Was Hans stammelte, was er dachte, er wußte es kaum in Worte zu fassen, das Glück war zu groß. ,,Ich preise dich, Vater, Herr des Himmels und der Erde, daß du dies vor Weisen und Klugen verborgen, den Kleinen aber geoffenbart hast'' (Mt 18, 25).

Da beten die Kranken und schauen mit neuer Hoffnung auf zur Mutter. Da singen die Jungen und flüstern die Alten, da weinen die Betrübten und empfangen Trost, den nur das Mutterherz zu schenken vermag. Und leise rauscht der Gave vorüber wie vor hundert Jahren. Nur, daß er durch Menschenhand zurückgedrängt wurde von der Grotte, um Platz zu machen für die Scharen.

„Ich will, daß man in Prozessionen hierher komme", sagte sie Bernadette. Schon damals, als sie jubelte: „Siehe, von nun an werden mich selig preisen alle Geschlechter", hat sie sicher diese Scharen geschaut. Denn vor Gott und jenen, die in IHM sind, gibt es ja nur Gegenwart; vergangenes und zukünftiges Leben in wunderbarer, zeitloser Schau in ihnen. Von solchen Gedanken erfüllt, hätte Hans Zeit und Menschen, Essen und Schlafen vergessen, wenn nicht das Glockenspiel vom Turm die Stunde anzeige.

Die Prozessionen kamen ihm wie überirdisch vor. Der Herr im heiligsten Sakrament wurde begleitet von Tausenden und Tausenden. „Lauda Sion Salvatorem", sang er mit den Scharen der Gläubigen, seine Stimme schien kräftiger als je. Der Herr zog vorüber an den Kranken. Hans dachte an all seine Kranken im Kreuzspital und betete für sie. Und er, er selber, bat er auch um Gesundheit? Der Herr sah ihm auf den Seelengrund, Christus, sein bester Freund. Und Hans empfand ein inneres Glück, das nicht mit dem Glück dieser Welt verglichen werden kann.

Und erst der Abend in Lourdes! Ein wogendes Lichtermeer, das „Ave, ave, ave Maria" jubelte, als müßte die Welt aufhorchen und stillehalten in ihrem chaotischen Lärm. Er wollte diese reine Freude, die er hier erlebte, heimtragen zu allen in sein Spital, heim auch ins Obwaldnerland. Freude brauchen die Menschen, und je reiner sie ist, um so mehr erfüllt sie die große Aufgabe, die Seelen einzuüben auf die ewigen Freuden. Die Betrübnis auf Erden kommt nicht vom Himmel; andere Geister bemühen sich stetsfort, die Menschen zu beunruhigen, zu verwirren, zur Verzweiflung zu bringen. Hier aber siegt jene

Frau, welche „die Ursache unserer Freude" ist, über all das Dunkle in der Welt.

Einen ganz seligen Morgen bereitete ihm Unsere Liebe Frau von Lourdes, als er an ihrer Grotte die heilige Messe feiern durfte. Das war wirklich eine außerordentliche Gunst im Jahre 1958. Den vielen hohen Prälaten gab man, wie es sich gehörte, den Vortritt; so ein kleiner Spiritual konnte nicht darauf hoffen. Siehe, da verzichtete der Schweizer Bischof Hasler zugunsten dieses kränklichen Priesters auf diese Bevorzugung, und Hans Amstalden stand in der Morgendämmerung unter dem Jubilieren der vielen Vöglein am Altar in der Grotte, da wo „Sie", die hohe Frau, einst mit Bernadette gesprochen. Bernadette war ja auch ein Armleutekind gewesen, keine Dame von Adel. Sicher hatte sie für ihn, den einfachen Bauernsohn aus der Schweiz, Fürbitte eingelegt. Ja, das war eine der größten Freuden in seinem kurzen Leben, und sein Antlitz strahlte, während er die hl. Messe feierte. Wenn auch seine Hoffnung, geheilt zu werden, nicht erfüllt wurde, trug er doch ein großes inneres Glück im Herzen nach Hause.

Sie kehrten wieder zurück, die glücklichen Pilger. In Ars knieten sie noch am Grabe des großen heiligen Pfarrers Johannes Maria Vianney. Wer von allen Lourdespilgern, denen der liebenswürdige Priester Hans Amstalden die Hand zum Abschied drückte, ahnte wohl, daß er so bald ins himmlische Lourdes reisen würde? Unsere Liebe Frau von Lourdes hatte ihn sicherlich mit aller Kraft für diese letzte Reise ausgerüstet und ihm gütig verborgen, daß er sie so bald antreten würde.

* * *

Der große Liebende

Wer von denen, die dem immer heiteren Antlitz des Spirituals Amstalden begegneten, ahnte etwas von dessen immerwährenden Leiden? „Mir geht es prima", war stets seine Antwort, wenn man ihn nach seinem Befinden fragte. Und doch war er selten ohne Leiden. Wie ein Held legte er die kurze Strecke seines Lebens zurück, immer dem Willen des Vaters hingegeben und immer wie ein großer Liebender. Er war der Träger des paradoxen und wunderbaren Geheimnisses, daß große Leiden und tiefstes Glück im begnadeten Menschen sich vereinigen können und gleichsam schon in diesem irdischen Leben die Glückseligkeit des Himmels geahnt wird, trotz bitteren Wehs. Es ist nicht zu verwundern, wenn einfache, gute Menschen in ihm ein Abbild von Christus zu sehen glaubten und alle sich hingezogen fühlten zu dem von innerer Schönheit strahlenden jungen Priester. Er hatte in der vollen Erkenntnis dessen, was es bedeutete, seiner Schwester zur Zeit der Priesterweihe geschrieben: „Jetzt bin ich der Freund Jesu." Kein menschliches Wesen hätte ihn so ausfüllen können wie dieser Freund. Mit seinem tieffühlenden Herzen und seinem ganzen Bewußtsein vernahm er die Worte dieses heiligsten Freundes: „Ich nenne euch nicht mehr Knechte, denn der Knecht weiß nicht, was sein Herr tut; euch aber habe ich Freunde genannt, weil ich alles, was ich von meinem Vater gehört, euch kundgetan habe" (Joh 15, 15).

Das ganze Benehmen dieses jungen Priesters, erinnert es uns nicht wirklich an Christus, der immer mit großer Hochachtung und unsäglicher Geduld der Menschenseele begegnete? Hans Amstalden offenbarte durch sein Leben das Wort des heiligen Paulus: „Nicht ich lebe, sondern Christus lebt in mir." Ob sein kristallauteres Wesen einem Gläubigen oder Ungläubigen entgegentrat, die Ausstrahlung spürte jeder, wenn er sie auch nicht zu benennen vermochte. Jedermann war überzeugt davon, daß er es gut mit ihm meine und nur sein Bestes wolle. Mit welcher Geduld ertrug er jede Schwachheit, Begrenztheit und Gereiztheit seiner Patienten! Mit welchem Sichselbstvergessen belehrte er seine oft schwerfälligen Konvertiten! Ja, wie sein heiligster Freund Christus, der die unverständigen Jünger ertrug und der die Sünder und Zöllner liebte, der den Müttern ihre Kinder segnete, der die Kranken heilte und sogar Tote den Ihrigen wiederschenkte, so liebte er!

Ach, was hätte Hans Amstalden nicht alles hingegeben, um andern zu helfen, auf was hätte er nicht verzichtet, um andern Trost zu bereiten! Er liebte ja alle, weil er jede Seele als eine einmalige Schöpfung Gottes erkannte, so kostbar, daß der Herr für sie sich erniedrigt hat bis zum Tode. Wie hätte er als Christi wahrer Freund nicht in dieser Gesinnung sein Leben aufopfern und verströmen sollen? Trösten, heilen, Frohsinn verbreiten, schenken, beglücken durch einfache Dinge und Worte, das war das Bedürfnis dieses wahrhaft großen Liebenden. Dazu war er eigentlich berufen und seiner Berufung treu in seinem kurzen, aber reichen Leben. Wer hat ihn je klagen gehört in seinem eigenen schweren Leiden? Und er hat gelitten wie selten ein Mensch.

Vielleicht war es nur eine, die zutiefst wußte um seine Leiden, die Mutter, die stille, sorgende, schweigende Mutter, die schon im kleinen Hansli das Besondere erkannte, das Besondere, nur ihm Eigentliche, dem sie zwar keinen Namen geben konnte, aber voll Ehrfurcht sich davor beugte. Sie hätte in ihrer stillen Scheu es nie auszusprechen gewagt, das Wort: „Mein Bub ist ein Heiliger." Auch die stets in ihr wache Überzeugung: „Er wird nicht alt" sprach sie nicht aus. Zwar blühte die Hoffnung in ihr immer wieder auf, wenn er von neuem eine Krankheit oder Operation überstanden hatte, und der Trostgedanke: „Wenn Gott durch Bruder Klausens Fürbitte ihm das Leben vor der Priesterweihe gleichsam zum zweitenmal geschenkt hat, wie sollte er das Wunder nicht wieder erneuern?" gab ihr wieder Hoffnung. Jeden Abend und jeden Morgen, wenn sie für ihre Kinder daheim und in der Ferne betete, weilten ihre Gedanken am längsten bei Hans, und es kamen die Worte aus ihrem Herzen: „Herr, dein Wille geschehe!"

Siebenmal lag Hans auf dem Operationstisch. Der Jugendkrebs verbreitete sich immer weiter in seinem Körper. Wieviel Schmerzen, wieviel Not, wieviel bitteres Weh für seine Mutter! Und sie konnte nicht helfen, wie Maria dem göttlichen Sohn nicht helfen konnte. Sie konnte nur beten für ihn. Es gab nur einen Trost für sie, den gleichen wie für ihn selbst, er leide als Freund Jesu, alles ertrage er in der Gesinnung dieses heiligsten Freundes, um der Seelen willen, die durch Gottes Ratschluß an ihn gebunden waren. Sie vergaß niemals seine Worte, die er einst mit ernstem Blick zu ihr gesprochen: „Ein Priester lebt und stirbt niemals für sich allein." Aber, so dachte sie hin und wieder, wie viele Seelen müssen es wohl sein, deren Rettung und ewige Glückseligkeit Gott von ihm abhängig gemacht hat? Und sie hatte die Gnade des glücklichen Gedankens: „Wie muß mein Hans von

Gott geliebt sein, daß er ihm eine so große Aufgabe anvertraut hat!"

Und er selbst, der große Liebende, wie antwortete er auf diese sonderbaren Geschenke Gottes? Ganz auf seine Art, nämlich mit dem Lobgesang: ,,Großer Gott, wir loben dich", oder mit dem ,,Magnifikat".

Alle, die ihn pflegten, stimmen im Urteil überein: Er war immer geduldig, ja freudig in seinen Leiden. Nie kam eine Klage über seine Lippen.

Und jene, die ihn besuchten, fanden ihn strahlend auf dem Krankenbett.

Eine treue, langjährige Angestellte, Anna G., die das Zimmer des Spirituals besorgte, erzählt, wie er unter einem furchtbaren Ekzem zu leiden hatte, das den ganzen Körper, außer Gesicht und Händen, quälte. Sein Bett sei oft derart voll Blutspuren gewesen, daß sie unwillkürlich zum Kreuz aufschauen mußte mit dem Gedanken: ,,Er hat's wie Du, ihr könntet einander bald die Hand geben." Und dabei das große, große Rätsel, immer mit strahlendem Lächeln allen zu begegnen! ,,Nie hat man ihn mit trüber, ungeduldiger Miene gesehen", bestätigt ebenfalls eine andere treue Angestellte. Diese Zeugnisse stammen nicht von begeisterten Freunden, von kurzen, außergewöhnlichen Begegnungen. Sie kommen vom grauen Alltag her, der alle Menschen zermürben, der jedes noch so liebevolle und gütige Gesicht düster machen kann. Spiritual Amstalden wirkte durch sein immer heiteres Antlitz auf seine ganze Umgebung, nicht zuletzt auf die Ärzte, die ihn verehrten und bewunderten.

In dieser Beziehung steht uns ein Zeugnis seiner einstigen Pflegerin vom Kantonsspital Luzern zur Verfügung. Sie schreibt: ,,Am 26. Oktober 1955 ist H.H. Spiritual

Amstalden auf der Chirurgie eingetreten. Die erste Begegnung mit diesem Priester machte mir einen tiefen Eindruck. Die hagere Gestalt, das bleiche Gesicht mit dem verklärten Lächeln und der spontane Frohmut. Mit viel Liebe stellte er auf das Nachttischli neben seinem Bett ‚ein Kreuz', wie er sich ausdrückte, von seinem H.H. Großonkel sel. aus Brasilien. Mit jedem Tag wurde es immer klarer, wie dieser edle Priester Leid und Schmerzen zu verbergen wußte. Es kam zu einer großen Operation. Mutig, mit eisernem Willen stellte der Priester sich dazu bereit und hat die Operation überstanden. Die große Erschöpfung und allgemeine Schwäche wurde mit Hilfsmitteln aller Art behoben. Auffallend war, wie Hochwürden selten Schmerzmittel verlangte. Keine Klage, keine Mutlosigkeit. Nie hatte er die kleinste Erleichterung verlangt. Seine liebe Schwester, Frau Hüsler, war Zeugin davon, und in allem Elend machte der Patient wieder einen Spaß. H.H. Spiritual erbaute seine Umgebung durch große Geduld und besaß eine außerordentliche Genügsamkeit. Trotz Schwäche und Hilflosigkeit war er immer froh und wußte seine Leiden mit einem Lächeln zu verbergen. Es kam so weit, daß er zu seiner größten Freude die heilige Messe wieder zelebrieren konnte, zu einer späteren Zeit, ganz still. Seine Angehörigen wohnten bei, und sein Neffe Ernst war nebst dem Altardienen ein stützender Helfer über die Altarstufen. Nach einigen Tagen war H.H. Spiritual reisebereit, um sich in dem lieben Obwaldnerländchen zu erholen.

Am 7. Januar 1957 war wieder der zweite Eintritt. Der gleiche Kreuzweg war ihm beschieden, weil die wuchernde Krankheit aufs neue sein Ganzopfer forderte. Die Vorsehung läuterte diese Priesterseele. Seine Lippen formten oft den tiefen Herzenswunsch: ‚Alles zur größten Ehre Gottes.‘ Alle Schwierigkeiten überwindend, konnte der Priester am 28. Februar 1957 das Spital verlassen. — Später trat er wieder ein für die Bestrahlung. Wieviel erzählte er mir von den Taubstummen, seinen Bevorzugten, dem Werk, das große Nachsicht und unaussprechliche Geduld erforderte. Immer zufrieden und selbstlos hat H.H. Spiritual die Spitalzeit verbracht, und was er in seiner geschwächten Position irgendwie zum Guten ausnützen konnte, sei es durch ein gütiges Verstehen oder freundliches Dasein, hat er von Herzen gern getan. Dieser gütige Priester ist uns allen in lieber Erinnerung geblieben. Herr Dr. August Lehner, Chefarzt, hat nach seinem Tode die Todesanzeige in die Krankengeschichte einbinden lassen, ein Zeichen großer Ehrfurcht vor diesem unvergeßlichen Priester.

Kantonsspital Luzern, 30. Oktober 1962

Sr. Rosa Imfeld"

Herr Dr. med. August Lehner, Alt-Chefarzt für Chirurgie, schreibt von dieser Zeit: „Vom 26. Oktober bis 12. Dezember 1956 und vom 7. Januar bis 28. Februar 1957 befand sich Spiritual Amstalden wieder in unserem Kantonsspital. Er war praktisch zehn Jahre gesund gewesen und nun neuerlich erkrankt. Am 31. Oktober mußte ich einen Metastasenherd aus der rechten Lunge entfernen. Am 15. Januar 1957 fand die größte und schwierigste Operation statt. Eine große Rückfallgeschwulst wurde aus dem innern untern Winkel des linken Brustfells entfernt. Da diese Geschwulst mit der Aorta breit verwachsen war, kam es diesmal zu einem Riß der Aorta, der sofort vernäht werden konnte. Nach dieser besonders schweren Operation war das Befinden während zwei bis drei Tagen kritisch. Schon nach 14 Tagen fühlte sich der Patient wohl und hatte nur noch wenig Schmerzen ...

Ich erinnere mich sehr gut an diesen vorbildlichen, geduldigen und liebenswürdigen Patienten und seine schweren Operationen.

Die Schilderung seines Lebenslaufes habe ich nicht ohne Rührung gelesen."

Hier sei noch ein Vorkommnis aus dieser Zeit erwähnt: Am Abend vor dem schweren Eingriff am 15. 1. 1957 traf Hans einen Patienten im Garten des Kantonspitals. Sie kamen miteinander ins Gespräch, wobei der Fremde sagte: ,,Merkwürdig, ich werde entlassen, während Sie morgen einer schweren Operation entgegen gehen." Diese Begegnung beeindruckte den Mann sehr, und er erzählte Hans von seinem bewegten Leben. ,,Geldsorgen habe ich nie gekannt und habe das Leben genossen, ohne mir darüber Rechenschaft zu geben. Von Religion und Pfaffen halte ich nicht viel ..." Nun war er sprachlos, als Hans sagte: ,,Sie haben mir jetzt Ihre Lebensbeichte abgelegt, ich bin Priester und gebe Ihnen die Absolution. Jetzt gehen Sie und schließen Frieden und tun viel Gutes."

Als Hans sich langsam entfernte und zum Abschied nochmals rückwärts schaute, sah er, daß der Mann immer noch an der gleichen Stelle stand wie angewurzelt. Es war für diesen ein erschütterndes Erlebnis, und gewiß hat er darauf sein Leben von Grund auf geändert. — Frau Hüsler-Amstalden, die ihren Bruder noch am gleichen Abend besuchte, hat dies alles mitbekommen.

Hier sei noch erwähnt, daß auch während den kritischen Tagen nach der schweren Operation am 15. 1. 1957, als der Arzt, Dr. med. Lehner, um sein Leben bangte,

Hans selber den Glauben an seine Genesung nie verlor. Als der Arzt um Mitternacht an sein Bett trat und den schwerleidenden Kranken mitleidsvoll betrachtete, öffnete Hans plötzlich seine Augen und sagte: ,,Aber ich la nid lugg" — ich gebe nicht auf. Der Arzt verließ raschen Schrittes das Krankenzimmer, um seine Hoffnungslosigkeit nicht zu zeigen.

Vollendung

Düstere Novembertage 1958. Im »Wyer« in Sarnen kam wieder einmal ein ebenso düsterer Bericht aus dem Kreuzspital Chur an, Hans sei wieder operiert worden. Hernach aber werde er heimkommen, um sich zu erholen. Seine Schwester Emmy erinnerte sich, daß der Bruder einmal den Ausspruch getan, wenn ein Tumor im Bauch entstehe, werde die Sache sehr schlimm. Nun war es soweit. Und doch erlosch die Hoffnung nicht. Nach drei Wochen konnte der Kranke sich wirklich wieder zum Lesen der hl. Messe aufraffen, aber dies geschah ,,mit großer Anstrengung", berichtet Anna G. Dann mußte sie seinen Koffer für die Heimreise packen. Er wollte die Advents-und Weihnachtszeit daheim verbringen. Schon richtete die Mutter ihrem liebsten Sohn das Zimmer her. Aber er sollte sich nie mehr in diesem Bett ausruhen. Zwölf Jahre waren vergangen seit jenem glücklichen Advent, da Hans sich auf die Priesterweihe am 21. Dezember 1946 vorbereitet hatte und die ganze Familie sich auf die Reise nach Chur freute, um mit ihm das Glück jenes Tages zu teilen. Daran dachte die Mutter, als sie den Bericht erhielt, dieses Jahr werde er an seinem Priesterweihetag daheim sein. Wie sie sich freute und trotzdem bangte, ob er die Reise auch machen könne. Aber so manches Mal schon hatte er wider Erwarten neue Lebenskraft bekommen, und sie wollte alles tun für ihn, was in ihren Kräften lag.

Aber Hans sollte eine ganz andere Reise antreten. Nicht in der irdischen Heimat würde er Advents- und Weihnachtsferien, wie es geplant war, verbringen. Die ewige, herrliche, selige Weihnacht wartete auf ihn.

Es war in der Woche vor dem Herz-Jesu-Freitag im Dezember 1958, als Hans in der Nacht von schrecklichen Bauchschmerzen befallen wurde. Er wollte davon seiner Schwester, Frau Hüsler, die bei ihm weilte, nichts sagen, um sie nicht zu beunruhigen. Als dann seine Pflegerin, Sr. Verena, eintrat, sagte er: ,,Ich erwarte Sie sehnlichst." Er hob das Leintuch und sie sah die aufgebrochene Operationsnarbe, die offene Bauchhöhle, die Därme, die zum Teil herauskamen.

Sofort wurde er auf den Operationstisch gebracht, wo die Wunde zugenäht wurde. Man konnte keine Narkose machen, weil sein Herz zu schwach war.

Nun wußten alle, daß der gute Spiritual nur noch Stunden unter ihnen bleiben werde. Er lag da wie ein Märtyrer. Der Weihbischof, Dr. Johannes Vonderach, konnte bei diesem Anblick die Tränen nicht zurückhalten. Die Schwestern und Angestellten alle konnten es nicht fassen, als es am 4. Dezember hieß, ihr Spiritual bereite sich auf die größte Reise vor. Frau Hüsler, seine geliebte Schwester, reiste als erste nach Chur. Wer nur konnte, versuchte ihn nochmals zu sehen. Alle schaute er mit seiner ganzen Liebe an, und sie vergaßen diesen Blick und sein Wort, es sei schön, als Priester zu sterben, nie mehr.

Der pflegenden Nachtschwester Verena blieben die letzten Nächte des guten Priesters unvergeßlich. Was er durchgemacht in den Stunden jener Nächte von Ende November bis zum seligen Heimgang am 5. Dezember, ist unauslöschlich in ihr Gedächtnis eingeschrieben. Bei vierzig Grad Fieber das „Großer Gott, wir loben dich" zu beten, brauchte wahrlich Heroismus. Immer wieder flüsterten seine Lippen: „Alles meinem Gott zu Ehren, alles meinem Gott zulieb", mit einer Innigkeit, die aus tiefstem Herzen kam. In der letzten Nacht des alten Kirchenjahres verlangte er von Sr. Verena, geweckt zu werden, um das neue Kirchenjahr mit einem „Te deum" zu beginnen, zu danken für das Vergangene, zu danken für seine Leiden. Sr. Verena sagt, diese Nacht sei eine besonders schwere Leidensnacht gewesen. — Jeden Morgen sagte er: „Schwester, vergessen wir nicht, für die schwere Nacht zu danken." Nach einer ganz besonders schweren Nacht bekannte er: „Schwester, solche Nächte habe ich schon viele durchgemacht, drum konnte ich so ruhig sein." Immer wieder, nach besonders furchtbaren Schmerzen — er lehnte alle Schmerzmittel ab, weil er diese erbrechen mußte —, sagte er: „Für die Seelen und für die Priester." Als man die Operationswunden ohne Narkose wieder zunähte, kam es ihr vor wie die Annagelung des Herrn am Kreuze. Nach dieser Operation bekannte er mehr als einmal: „Schwester, was ist das, am lebendigen Leib nähen!" Und etwas später: „Schwester, etwas dürfen wir nicht vergessen, zu danken für all diese Schmerzen." Und wieder nach einer furchtbar schweren Nacht konnte er sagen: „Schwester, das war eine wunderbare Nacht." Was muß er in diesen Stunden für Gnaden erhalten haben!

Als die Schwester einmal in einem besonders schweren Augenblick zu ihm sprach: ,,Gott braucht Ihre Leiden vielleicht für die Seelen'', antwortete er mit energischem Ton: ,,Nicht vielleicht, Gott will es ja nur für die Seelen.''

Immer wieder hörte man ihn flüstern: ,,Für die Seelen — für die Priester!'' Fürwahr — das Heimgehen eines Freundes Christi!

Sr. Verena begleitete ihn acht Nächte. Auch während des Tages schlief sie höchstens zwei Stunden. Bevor sie ihn jeweils am Morgen verließ, segnete er sie, und sie schreibt es der Kraft dieses Segens zu, daß sie in dieser Zeit keinerlei Müdigkeit verspürte und auch nachher keine gesundheitlichen Schäden hatte.

Eines der letzten Worte, die sie von ihm hörte, waren: ,,Händ Friedä!'' — Haltet Frieden! — So sorgte er sich bis zuletzt um den Frieden der Menschen untereinander, was ihm stets ein großes Anliegen war.

Lassen wir nun dem prominentesten Zeugen, seinem geistlichen Vater, Kanonikus Werner Durrer, damals bischöflicher Kommissar von Obwalden, das Wort: *Die letzten Stunden des geistlichen Sohnes H.H. Spiritual Amstalden im Kreuzspital Chur:* ,,Am Herz-Jesu-Freitag des Dezembers 1958 telefonierte mir seine Schwester, Frau Hüsler, in der Morgenfrühe, daß Hans den Abend kaum erleben werde. Mit dem Paten, Herrn Etlin-Reinhard, Emmy, der Schwester, und Ernstli und Rita Hüsler, den Kindern von Frau Anna Hüsler-Amstalden, fuhr ich per Auto nach Chur. Bei unserer Ankunft stand eine Schwester des Kreuzspitals vor dem Portal und winkte uns, rasch auszusteigen und hinaufzugehen. Es war etwas nach zwölf Uhr.

Von zehn Uhr an fragte Hans immer wieder, ob wir noch nicht kämen. Hans erkannte unsere Schritte im Gang. Er freute sich sichtbar. Mit dem Aufgebot seiner letzten Kräfte sagte er uns: ‚Ich freue mich, daß ihr hier seid. Auf euch habe ich gewartet.‘ Herr Etlin sagte ergriffen: ‚Hans, was tust du uns an?‘ Hans erwiderte: ‚Freut euch mit mir. Ich gehe nun in den Himmel, um euch einen Platz zu bereiten.‘

Dann sagte er mit einer Tiefe des Ausdrucks, die schriftlich nicht wiederzugeben ist: ‚Es ist etwas Schönes, etwas Wunderbares, wenn man als Priester sterben kann. Freut euch mit mir und trauert nicht um mich. Ich kann vom Himmel aus mehr tun für euch als bisher. Ich habe viel gelitten, besonders in den letzten Tagen. Aber was ich innerlich erleben durfte, ist so schön, daß es alle Leiden weit, weit aufwiegt. Freut euch mit mir! Bald darf ich in den Himmel. Nun segne ich euch alle und verabschiede mich von euch, und dann, bitte, zieht euch zurück. Ich will möglichst allein sterben; denn der Heiland ist auch fast allein gestorben.‘

Dann faltete Hans seine Hände, verweilte einige Augenblicke in tiefem Gebet, hierauf zählte er alle auf, die er ganz besonders in den Segen einschloß, beginnend mit den Eltern und Geschwistern bis zur Heimatgemeinde Sarnen, und alle, alle Menschen der Welt, ganz besonders alle Priester. Dann breitete er seine Arme weit aus und spendete mit ergreifender Andacht den heiligen Segen. Ich mußte ganz unwillkürlich an den heiligen Papst Pius XII. denken.

Darnach sprach Hans: ‚Jetzt kann ich nicht mehr. Jetzt kann der Tod kommen, wann er will. Kommt noch, ich will mich von jedem von euch verabschieden.‘ Als erster trat Weihbischof Dr. Johannes Vonderach, der stundenlang bei Hans war, ans Krankenbett, dann ich. Nach mir kamen alle, die im Zimmer waren. Jedem reichte er die Hand und sagte: ‚Behüt dich Gott! Auf Wiedersehen im Himmel!'

Dann war Hans sehr erschöpft.

Wir ließen ihn ruhen und begaben uns zum Mittagessen, das uns die Schwestern des Kreuzspitals mit spürbarer Liebe reichten. Im ganzen Haus wurde für Hans gebetet. In tiefer Bekümmernis fragten Schwestern, Angestellte, Patienten, wo man durchkam, nach dem Befinden des Sterbenden. Man spürte die ganze liebende Verbundenheit.

Nach dem Mittagessen, etwa um vierzehn Uhr, ging ich allein zu Hans. Ständig waren ein oder zwei Schwestern des Kreuzspitals bei ihm, meistens die Oberin Sr. F. St. und seine pflegende Schwester, die gute alte Schwester F. L.

Hans hatte sich etwas erholt. Auf einmal betete er laut und voll tiefster Andacht zwei Strophen des ‚Großer Gott, wir loben dich'. Dann sagte er mir: ‚Weißt, alles, was groß ist, ist nur ein schwaches Abbild von Gott, und alles, was schön ist, nur ein schwacher Schatten von Ihm. Ich freue mich, ich freue mich auf den Himmel.'

Als nach einiger Zeit seine Gesichtszüge starke Schmerzen verrieten, fragte ich ihn: ‚Hans, mußt du stark leiden?' Er antwortete lächelnd: ‚Ich bin froh, daß ich noch leiden darf. Bald kann ich es nicht mehr. Grüße mir alle und sage ihnen, daß ich mich freue. Es soll niemand trauern. Ich erwarte einmal alle im Himmel.' Dann und wann glaubte man, die letzten Augenblicke seien gekommen. Frau Anna Hüsler-Amstalden, seine Schwester, die in letzter Zeit beinahe Tag und Nacht bei ihm war, und seine Schwester Emmi hielten nun betend bei ihm Wache.

Mit klarer Stimme und innerster Überzeugung betete er oft: ‚Jesus, Maria, Josef, euch schenke ich mein Herz und meine Seele. Jesus, Maria, Josef, steht mir bei in meinem Todeskampfe. Jesus, Maria, Josef, mit euch möge meine Seele in Frieden scheiden.' Wie um die andern zu trösten, wiederholte er in Abständen oft: ‚Ich freue mich, ich freue mich.'

Auf meine Frage, ob ihn vielleicht noch irgend etwas beunruhige, sagte er froh: ‚Nein, ich bin ganz ruhig.'

Wieder kam der Weihbischof und blieb längere Zeit betend bei ihm. Oft sagte Hans leise: ‚Für die Priester, für die Priester.'

Langsam brach die Dämmerung an. Langsam, aber doch spürbar, nahmen die Kräfte ab.

Ein schweres Leiden — wohl ein Sühneleiden — setzte ein. Voll Angst und Unruhe und mit den Händen abwehrend, seufzte er auf: ‚Entkommen — entkommen!' Man spürte förmlich sein Ringen. Die leise Bewegung der Lippen verriet sein stilles Beten. Auf einmal ging es wie ein frohes Leuchten über sein Gesicht, und aufatmend sagte er: ‚Gerettet! Gerettet!'

Als ich ihm das ‚Jesus, dir leb' ich, Jesus, dir sterb' ich, Jesus, dein bin ich im Leben und im Tode' vorbetete, betete er mit tiefer Ergriffenheit mit, und mit lächelndem Gesicht fügte er laut bei: ‚Alleluja!' Das war meines Wissens sein letztes Wort.

Von da an nahmen die Kräfte sichtlich ab. Er sprach nichts mehr, nickte nur dann und wann zum Zeichen, daß er uns verstanden habe.

Wir beteten für ihn. Dann und wann sprach ich ihm ein Stoßgebetlein vor. Er nickte und bewegte leise die Lippen.

Gegen 22 Uhr setzte ein ganz heftiges Leiden ein. Er rang nach Atem. Kein Stöhnen, kein Seufzen entrang sich seinen Lippen. Nur die Gesichtszüge nahmen einen eigentlichen Schmerzenszug an. Ich läutete dem Herrn Weihbischof auf und bat um den bischöflichen Segen. Wenige Minuten später wurde Hans ganz ruhig, winkte leise wie zum Abschied mit der Hand. Der Atem fing an auszusetzen. Die Gesichtsfarbe und Gesichtszüge änderten sich sehr schnell. Noch einmal schaute er jedes einzeln der Reihe nach lächelnd an. Ich begann das ‚Proficiscere, anima christiana' zu beten. Dann legte er die Arme kreuzweise über die Brust, tat ganz ruhig ein paar Atemzüge, und seine edle Priesterseele zog heim zu Jesus, der ja gesagt: ‚Wer in Mir bleibt und Ich in ihm, der wird leben, auch wenn er gestorben ist.'

Die letzten Stunden waren so erhebend und das Sterben so schön, daß wir nichts anders konnten, als das ‚Großer Gott, wir loben dich' zu beten.

Ein eigentlicher Friede strahlte von der Leiche aus und eine eigentliche Schönheit.

Es war das Heimgehen eines Heiligen.

Dankbar darf ich es schreiben, daß Hans Amstalden mir in sehr schweren Fällen schon auffallend geholfen hat. Diesen Bericht habe ich so niedergeschrieben, daß ich zu jedem Wort, wenn es sein müßte, mit einem Eide stehen dürfte.

Unser greiser Bischof Christianus Caminada sagte mir am Tage nach dem Tod: ‚Der Herr Spiritual Amstalden war ein heiligmäßiger Priester.' "

So war er also heimgekehrt, der edle, gute Priester, dorthin, wo Jesus, sein Freund, ihm vorangegangen, ,aus den Schatten und Sinnbildern zur wesenhaften Wahrheit' (Newman). Man konnte sich fast nicht trennen von der schönen sterblichen Hülle seiner Seele, und jedem war es, als sei der Himmel im Sterbezimmer. Noch klang das ,Großer Gott, wir loben dich' in allen Herzen fort, trotz der Tränen, die um den teuren Toten geweint wurden. Wie tief dieser Lobgesang in seiner letzten Lebensstunde jeden ergriffen hatte, bleibt ihnen allen unvergeßlich. Es seien hier noch die Worte des Herrn Bischofs Johannes Vonderach beigefügt, die er kurz darauf in einer Radio-Predigt, betitelt: ,Das scheidende Jahr', aussprach: ,... In diesem letzten Monat des scheidenden Jahres durften wir Zeuge sein eines Tedeums, das wohl jeden bis ins Innerste ergreifen muß. Es war am Sterbebett eines Priesters, dem nur wenige, aber um so gnadenhaftere Jahre segensvollen Wirkens in seinem Beruf beschieden waren, der selber Krankheit und Schmerz aus Gottes Hand angenommen und in froher Ergebung getragen hatte. In seinen letzten Leidensstunden, kurz bevor seine geläuterte Seele diese Zeitlichkeit verließ, sprach er verklärten Antlitzes das Tedeum eines begnadeten Lebens:

Großer Gott, wir loben dich.
Herr, wir preisen deine Stärke.
Vor dir neigt die Erde sich
und bewundert deine Werke!
Wie du warst vor aller Zeit,
so bleibst du in Ewigkeit.

Für die Näherstehenden ein tief erschütterndes und erhebendes Zeugnis. Möge aus solchem Gotteslob vielen Herzen Gnade und Kraft werden.' ''

In der Heimaterde

Das war ein wehmütiger Wintermorgen in Sarnen, als der Postbote die schwarzumränderte Todesanzeige in jedes Haus trug.

„Hast du's auch gelesen?, der Geistliche vom »Wyer« ist gestorben", sagte es der eine zum andern. Und mancher dachte: „Ein Heiliger war er", aber das schwerwiegende Wort blieb in den Herzen verschlossen. Es ist nicht Obwaldnerart, die innersten Gedanken und Gefühle leichthin zu offenbaren. Die Eltern aber spürten es im Händedruck und Blick der vielen Bekannten und Verwandten, wie groß ihre Ehrfurcht vor dem Heimgegangenen war. Die guten alten Eltern! Nun war ihr Hans, um den sie sooft gebangt, durch den ihnen auch die tiefsten Freuden ihres Lebens geschenkt worden waren, von ihnen gegangen, ohne daß er sein liebes Vaterhaus nochmals betreten durfte. Wieder und wieder lasen sie die Worte:

„Am Herz-Jesu-Freitag hat Christus, der ewige
Hohepriester, seinen treuen Diener
Hochwürden Herrn Johann Amstalden
Spiritual, Kreuzspital, Chur
zu sich in die ewige Heimat abberufen ..."

Und dann das Lob auf sein Priestertum, seine Reife und Größe. Es tat weh, einen solchen Sohn verlieren zu müssen, der Schmerz saß tief. Aber auch der Trost, das Bewußtsein, diesen auserwählten Sohn in der ewigen Heimat zu wissen, wo für ihn alles Leid sich in Freude verwandeln würde, war unausprechlich groß. Es gab keine Auflehnung gegen das Schicksal, keine Klage, nur das ergebene Wort kam auf ihre Lippen, das Wort, das sie schon hundertmal im Leben ausgesprochen hatten: „In Gottes Namen. Er weiß, was für uns gut ist."

Der stille Adventssonntag wurde für sie noch stiller, ganz innen in der Seele, wo ja auch sie bald die ewige Weihnacht erwartete.

Die Dämmerung brach früh herein. In der Stube brannten Kerzen vor dem Bild des lieben Hans. Sie beteten miteinander den Rosenkranz und warteten auf die Meldung der Ankunft des ehrwürdigen Leichnams.

Dann zog sich die Mutter in die Kammer zurück, um etwas zu ruhen von all dem Außergewöhnlichen, das in ihr Alltagsleben eingetreten war. Unterdessen betrat der geistliche Vater das Haus und brachte den Bericht, Hans sei jetzt in der Totenhalle des Krankenhauses angekommen. Ihm selber war bange, als er Vater Amstalden daraufhin zum nahen Krankenhaus begleitete, und im Innern betete er um Kraft für den alten Mann, von dem Gott sein Teuerstes gefordert hatte. Das war kein leichtes Wiedersehen. Im Schein der Kerzen warteten sie still, bis der Sarg geöffnet wurde. Dann kam der schwere Augenblick. Der Vater aber stand ergeben da und schaute in das edle, ganz unveränderte Gesicht seines Sohnes. Tränen tropften nieder auf die durchfurchten Hände, als er sagte: „Das ist ganz unser Hans." Ja, er lag wirklich so da, als ob er sich nur für kurze Zeit zum Schlafen niedergelegt hätte, um nachher mit seinem strahlendsten Lächeln allen einen guten Tag zu wünschen. Dann kamen sie alle, um den teuren Toten nochmals zu sehen, die Geschwister mit ihren Kindern und alle Verwandten. Es kamen die Priester, seine Lehrer aus der Gymnasialzeit, die einstigen Mitschüler, das Volk von Sarnen und Umgebung. Jedermann wurde ergriffen beim Anblick des ehrwürdigen Leichnams. Man erinnerte sich an kleine Einzelheiten seines Lebens, an seinen Frohsinn, seine schöne Stimme und besonders an die erhebende Primizfeier am 1. Januar 1947. Man sprach von der auffallenden Heilung durch die Fürbitte von Bruder Klaus vor seiner Priesterweihe. Manch einem, der tiefer nachdachte, kamen die merkwürdigen Zusammenhänge des heiligen Landesvaters mit diesem jungen Priester wunderbar vor.

Als es menschenleer geworden war in der blumengeschmückten Totenhalle und nur noch die Kerzen knisterten, nahte sich die gebeugte Mutter ihrem liebsten Sohne. Leise hielt sie Zwiesprache mit seiner Seele und wurde von ihm mit heiligem Trost erfüllt. Es war ihr, als danke er mit seiner ganzen kindlichen Liebe für alles, was sie ihm getan, und als ob selbst die heiligste Mutter, Maria, die ihn heimgeholt hatte, ihr alles vergelten wolle. Da lag er, der Liebling der allerseligsten Jungfrau, am Feste ihrer Unbefleckten Empfängnis zu ihren Füßen, auf alle, die sich ihm nahten, einen Frieden ausstrahlend, der von einer andern Welt kam.

Die Mutter konnte sich vom Anblick ihres Sohnes kaum trennen. Sie hätte noch lange, lange bei ihm weilen mögen, wenn nicht die Töchter liebevoll zum Aufbruch gemahnt hätten. „Hans, bitt für uns!" flüsterte sie. —

Trotz Müdigkeit sprach sie mit dem Vater noch lange über ihren lieben Hans, ganz erfüllt von der Überzeugung, daß er in seinem kurzen Leben offensichtlich von Gott, von der lieben Mutter Gottes und dem heiligen Bruder Klaus sehr geliebt worden war.

Nach dem Fest der Unbefleckten Empfängnis ertönten die Glocken der Sarner Pfarrkirche wieder so feierlich wie am Vortage. Spiritual Amstalden, der gute »Wyer-Hans«, wurde vom ganzen Volk auf seinem letzten Gang begleitet. Der Trauerzug glich einer herrlichen Prozession und der Gottesdienst war ein Alleluja. Ganz so wie Hans den Menschen stets begegnet war, durften sie jetzt ihm begegnen, der in den letzten Stunden seines irdischen Lebens mehrmals wiederholt hatte: ,,Ich freue mich. Ich freue mich auf den Himmel.'' Es flossen viele Tränen, aber es waren doch eher Tränen innerster Ergriffenheit als der Trauer, besonders als der Dompfarrer von Chur, Alfred Vieli, von der Kanzel über das Leben und den seligen Heimgang des teuren Sarner Sohnes sprach. Und ein dankbarer Stolz regte sich in den Herzen, als sie die Worte vernahmen: ,,Ich kann es bezeugen: Aus den zehn Jahren, da er mir ein lieber Mitarbeiter in der Dompfarrei Chur war, ist mir auch gar nichts bekannt, das auch nur den kleinsten Schatten auf seine Persönlichkeit werfen könnte. Darum sage ich noch einmal: Freut euch aus ganzem Herzen und danket Gott, daß er euch und uns einen so herrlichen Priester geschenkt hat ...''

Wie sangen sie so schön, all jene, die einst bei der Primiz gesungen, ihm zur Freude, Gott zur Ehre! Wie feierlich läuteten die Glocken und trugen ihren Jubel hinauf aufs Flüeli zu Bruder Klaus, der nun mit seinem auserwählten Sohn vereint ist und es ewig bleiben wird.

Das einfache Grab des seligen Heimgegangenen befindet sich zwischen der Pfarrkirche und der Beinhauskapelle neben andern Priestergräbern.

Es ist und bleibt für uns eine ehrfurchtsvolle Stätte. Ist es uns nicht, als hörten wir hier im Herzen seine letzten Worte: ,,Freut euch mit mir, und trauert nicht um mich. Ich kann vom Himmel aus mehr tun für euch als bisher.

Freut euch, ich gehe in den Himmel, um euch einen Platz zu bereiten. Behüte euch Gott! Auf Wiedersehen im Himmel!"

Wie er durch sein Gebet helfen konnte und heute noch hilft

Nochmals wollen wir im Geiste zurückkehren an die Krankenbetten von damals im Kreuzspital Chur. Sie alle konnten erfahren, wie groß die Kraft seines Gebetes war und wie er Hilfe für Leib und Seele der Patienten brachte.

Wie hat er gerungen um ihre Seelen, nächtelang gebetet, wenn er einen Todgeweihten im Hause wußte, der Gott fernstand. Davon berichtet auch die treue Angestellte A. G., wenn sie sagt, daß sein Bett oft am Morgen unberührt gewesen sei. — Wie tief dann seine Freude war, wenn der Sterbende die Sakramente verlangte, können wir nur ahnen. Grenzt es nicht ans Wunderbare, wenn die Schwestern heute noch staunend anerkennen, daß während seiner Amtszeit kein einziger Katholik ohne Empfang der heiligen Sakramente gestorben sei? Sein geistlicher Vater bezeugt:

,,Eine geradezu charismatische Begabung hatte er, Patienten, die jahre- und jahrzehntelang der Kirche fernstanden, wieder zum Glauben und Sakramentenempfang zu bringen. Er konnte den geeigneten Zeitpunkt abwarten, menschlich fein das entscheidende Gespräch oft auf lange Sicht vorbereiten, aber immer rechtzeitig vor dem Tode noch die Entscheidung herbeiführen.''

Aber auch Andersgläubigen vermittelte er den Trost der Gnade, besaß er doch eine eigentliche Fähigkeit für Kontakte mit nichtkatholischen Christen.

Als Hans Amstalden einmal daheim in den Ferien weilte und abends mit dem Vater in der heimeligen Wyerstube saß, vertraute er diesem ein merkwürdiges Erlebnis an. Das hatte sich im Dom zu Chur, wo der Spiritual oft als Beichtvater wirkte, zugetragen. Man kann sich wohl denken, mit welch innigem Gebet er jene, die sich vor seinem Beichtstuhl niederknieten, erwartete. Er erzählte: „Ich saß im Beichtstuhl und wartete. Es war nur noch eine Person draußen. Ich hörte stöhnen. Wie ich näher hinsah, glaubte ich, die alte, häßliche Frau sei so elend daran, daß ich ihr zu Hilfe kommen müsse. Als ich mich erheben wollte, stand sie auf und wankte in den Beichtstuhl. Mein Gott, Vater, das war eine Beicht! Die nehme ich ja mit ins Grab. Aber jetzt kommt das Sonderbare. Denke dir, als die Person nach den so entscheidenden Minuten den Beichtstuhl verließ und ich ihr nachschaute, in der Meinung, die Frau könnte vor Schwäche umfallen und ich müsse ihr vielleicht behilflich sein, was glaubst du, was ich da sah?" Der Vater schaute gespannt auf Hansens Mund. „Ich sah keine häßliche Alte mehr. Eine schöne junge Tochter lief aufrecht vom Beichtstuhl weg." Sie schwiegen beide, man hörte nur die Uhr ticken. Beide hingen ihren Gedanken nach. — Sah er diese junge Person vorher so alt und häßlich, weil sie von sehr schweren Sünden belastet war?

Daß des Priesters Gebet nicht nur in seelischen, sondern auch in andern Nöten seinen Mitmenschen helfen konnte, bezeugen viele seiner Bekannten. Schwester D. S., Pflegerin im Kreuzspital Chur, die ihn schon in seiner Seminarzeit kennenlernte und später neben ihm arbeitete, erzählt, wie er ihrem Schwager durch sein vertrauensvolles Gebet zu Hilfe kam. Dieser, ein Herr aus dem Lugnez, lag schon ein halbes Jahr schwerkrank in Ilanz im Spital. „Er hatte auf der Lunge Tumore, und der Eiter floß heraus. Sein Bruder, ein Priester, brachte ihn nach Zürich zu einem Spezialisten. Dort lag der arme Kranke wieder sechs Monate, bis er endlich zu seinem Bruder, damals Pfarrer in Brigels, zur Erholung fahren durfte. Aber dort brach die schwere Krankheit von neuem aus, und er mußte mit heftigen Fiebern nach Chur ins Kreuzspital eingeliefert werden. Da dort alle Betten besetzt waren, kam er ins Badezimmer in ein Notbett zu liegen. Er wurde erneut operiert und von zwei Ärzten als verloren erklärt. Ich ging zum Herrn Spiritual und bat ihn, die Frau des Kranken, meine Schwester, zu benachrichtigen, daß ihr Mann sterben werde, sie müsse sofort kommen. Herr Spiritual kam mit mir zu dem Kranken. Vor der Badezimmertür blieb er stehen und fragte mich. ‚Nicht wahr, Schwester, Ihr Schwager verehrt doch unsern lieben Helfer, Bruder Klaus?‘ Ich wußte, daß dem so war, und bejahte dies. ‚Gut‘, sagte er, ‚ich weiß, daß Bruder Klaus hilft und daß er nicht zugeben wird, daß dieser Vater von seinen sechs Kindern wegstirbt. Beten wir und rufen wir Bruder Klaus an, ich weiß genau, er wird helfen. Ich gebe dem Kranken den Segen mit der Reliquie des Heiligen, und er wird helfen‘.“

Mit welcher Sicherheit er diese schwerwiegenden Worte mehr als einmal aussprach! Dann segnete er den Kranken, wie nur er segnen konnte, mit dem tiefen Glauben und dem felsenfesten Vertrauen. Am nächsten Tag ging es schon besser, und langsam genas der Todeskandidat.

Der Schwager lebt heute noch, arbeitet wie jeder andere, und es geht ihm sehr gut.

Die Krankenschwester Th. berichtet: „Ich hatte eine kranke Schwester (eine Ordensfrau), die glaubte, sie sei wegen ihrer Krankheit zur Untätigkeit verurteilt, und sie litt sehr unter diesem Gedanken ... Beim ersten Krankenbesuch klagte sie dieses dem Herrn Spiritual. Der sagte ihr, sie habe eine große Mission zu erfüllen und ihm in seinem Priesterwirken zu helfen. Von da an war sie wieder glücklich und zufrieden. Sie sagte, der Priester sei ihr vorgekommen wie ein Engel vom Himmel."

Sr. Th. berichtet weiter: „An Weihnachten 1948 bekam ich einen schwerkranken Mann in die Abteilung. Vom Beichten wollte er nichts wissen. Die protestantische Tochter erzählte mir, ihr Vater hätte vor zehn Jahren seine Frau über die Treppe gestoßen, an den Folgen sei sie dann gestorben. Mit der ersten Frau war er protestantisch verheiratet, mit der zweiten nur zivil oder überhaupt nicht. Der Spiritual gab sich alle Mühe, um diese Seele zu retten. Er hängte eine Reliquie des heiligen Bruder Klaus an die Wand neben dem Bett und ging in die Kapelle, um zu beten.

Wie hat er gefleht um diesen Todgeweihten! Nach einer Stunde war der Mann tatsächlich bereit zum Beichten. Bald darauf starb er in Frieden. Der Spiritual aber war ganz erschöpft und sagte, das sei ein Kampf mit der Hölle gewesen."

„Einmal brachte eine Tochter ihren Vater in das Spital. Sie vertraute mir kummervoll an, er habe schon jahrelang nicht mehr gebeichtet. Der Herr Spiritual muß auf diesen Mann einen überaus guten Eindruck gemacht haben. Nach dessen erstem Krankenbesuch fragte ich den

Patienten, ob er etwa beichten möchte. Ohne Widerstand antwortete er, bei dem möchte er schon beichten. Und er tat es auch. Er sagte ganz glücklich: ,Kei bitzeli het er gschumpfe' (kein bißchen hat er mich gescholten)."

,,Eine alte Frau wollte auch nichts wissen vom Beichten. Man hatte alles mögliche probiert, um sie dazu zu bewegen, jedoch umsonst. Der Herr Spiritual war immer gleich gütig gegen sie. Als sie beinahe nichts mehr aß, fragte er, was sie wohl gerne möchte. Da meinte sie, geschwellte Kartoffeln und ,rääßä Chäs' hätte sie gerne. Sofort bestellte er dieses ,Menu' und ließ im nächsten Laden ,rääßä Chäs' (rezenten Käse) holen. Die alte Frau war tief gerührt und besiegt. ,Wenn man so lieb ist gegen mich, will ich beichten', sagte sie. Wie glücklich war sie dann, sie konnte dem Herrn Spiritual nicht genug danken."

So hat der goldene Humor von Hans Amstalden, verbunden mit der Gnade, oft und oft die Menschen besiegt.

Wer Hans sterben sah, wer seine letzten Worte vernahm und die Innigkeit, mit der sie ausgesprochen wurden, kann überhaupt nicht zweifeln an seiner Fürbittkraft. ,,Vom Himmel aus kann ich euch mehr helfen", versprache er. Er wurde auch gleich nach dem Tode in den intimsten und verborgensten Angelegenheiten angerufen; ihm durfte man anvertrauen, was man vor Menschen verschweigen muß. Und jene, die zu ihm Vertrauen faßten, wurden nicht enttäuscht.

Eine Bekannte aus seiner Jugendzeit schreibt: ,,Daß Hans Amstalden ganz sicher im Himmel ist, weiß ich, denn er hat mir in großen Anliegen bereits wunderbar geholfen." *M.S.*

Eine Dauerpatientin des Kreuzspitals, A.M., welcher der Spiritual großes Vertrauen schenkte, ist der Ansicht: „Er wird bestimmt auch heute allen seine Hilfe zuwenden, die ihn darum bitten." Sie hat ihn sehr gut gekannt und fügt ihrer Behauptung bei: „Tag und Nacht war ihm ja keine Stunde ungelegen."

Es sei nochmals an L. G. erinnert, die ihm besonders nahestand und ihm soviel verdankt wie keinem andern Menschen. Sie bekennt, daß sie Bruder, Mutter und Gatten hergeben mußte, nie aber so traurig war wie beim Tode des edlen Priesters. Das klagte sie auch seinem geistlichen Vater. Dieser gab ihr den Rat, den Heimgegangenen anzurufen, wenn sie in Not sei. Sie tat es und erzählt:

„Wir hatten eine größere Summe Geld von jemandem zu bekommen. Von diesem Geld sollte eine große Rechnung bezahlt werden. Ich hatte nur noch einen Tag Zeit, um diese zu bezahlen. Das Geld war aber noch nicht da. Ich stand in der Stube beim Bügeln. An der Wand hing das Bild unseres lieben Verstorbenen. Da sah ich zu ihm auf und bat ihn, uns doch durch seine Fürbitte zu helfen.

‚Bitte, bitte, Spiri', sagte ich, ‚schau einmal zu mir, nur ganz kurz, ich habe Hilfe nötig.' Wenige Minuten später läutete das Telefon. Es war der Bericht, daß das Geld abgeholt werden könne." —

Ist es nicht, als lächle der gute „Spiri", wie sie ihn nannten, sein feines, verständnisvolles, gütiges Lächeln, wie wenn er sagen wollte: „Ich kenne ja auch die Geldsorgen aus Erfahrung."

Eine Frau, die, wenn auch nicht krank, doch schwer unter dem Gedanken an den Tod zu leiden hatte, gestand, daß sie den von ihr verehrten Hans Amstalden angefleht habe, sie von dieser Not zu befreien. Sie wurde rasch erhört und von diesem Druck befreit.

Vielen, die ihm im Leben begegnet sind, hat er schon vom Himmel aus geholfen. Als ich selber vernahm, daß er diese Heimat mit der himmlischen vertauscht habe, dachte ich: „Nun haben wir einen neuen Freund und Fürbitter im Himmel." Er hat auch mir auf meine vertrauensvollen Anrufe hin in manchen Sorgen des Lebens Antwort gegeben. Und wenn ich an seinem bescheidenen Grabe auf dem Sarner Friedhof stehe, kann ich nur danken, danken.

Wir gratulieren dir, du wahrer Freund des göttlichen Hohenpriesters, du Liebling der allerseligsten Jungfrau, du Auserwählter des heiligen Bruder Klaus! Wir freuen uns mit dir!

* * *

ANHANG ZUR 3. AUFLAGE

Das stille Grab auf dem Sarner-Friedhof hat eine eigenartige Anziehungskraft. Viele kommen, um dort zu beten, meistens allein und unauffällig. Es scheint, daß der Herr seinen Freund hier besonders solchen Menschen nahe bringen will, denen die Last des Lebens die Seele verdunkelt hat, aber auch besonders jungen Leuten, um ihnen den Weg zur Standes- und Berufswahl zu erhellen. Wie Hans Amstalden schon im irdischen Leben durch sein strahlendes Lächeln alle, die ihn kannten, aufheiterte, so darf er es jetzt in einer gnadenhaften Weise vom ewigen Leben aus tun. Er war ein Sonnenkind Gottes und ist es jetzt noch viel intensiver in der Sonne der heiligsten Dreifaltigkeit. Das Wesen des Menschen wird durch den Tod nicht verändert, nur vollkommen entfaltet, so wie Gott ihn vorausgesehen hat. Hans darf die Trostkraft des Heiligen Geistes weitergeben. Manche bezeugen es und kommen zum Grab, um zu danken.

Eine deutsche freie Caritas-Schwester, Leiterin eines Altersheimes, kann nicht genug danken für die Hilfe des hochverehrten Priesters. Seit Jahren ist er ihr Helfer in allen Nöten. Es ist ihr Wunsch, daß diese Hilfe öffentlich bekannt werde. Sie schreibt:

,,Im Juni 1977 verbrachte ich meine Urlaubstage im Aufgebothaus in Flüeli-Ranft. Da kam mir das Buch »Freut euch mit mir« von Ida Lüthold-Minder in die Hand. Was mich persönlich am meisten beeindruckte, war, daß dieser Priester, trotz seines leidvollen Lebens,

immer froh war und seine aus der tiefen Gottverbunden-
heit kommende Freude andern Menschen weitergeben
konnte.

Ich hatte im Dezember 1974 eine Aufgabe übernom-
men, die ich mir eigentlich nicht zutrauen konnte.
Erst nach langem Drängen der Diözesanoberin unserer
Caritas-Schwesternschaft und viel Gebet, habe ich zuge-
sagt. — Es kam so, wie ich dachte, ich fühlte mich der
Last nicht gewachsen. Und dann kam die Hilfe, als ich
Hans Amstalden 1977 durch die Lektüre kennen lernte.
Ich faßte sofort großes Vertrauen zu ihm. Ich bat immer
wieder, daß er mir die Gnade erbitte, wieder recht von
Herzen froh zu sein und immer Mitmenschen Freude zu
vermitteln. Ich versprach auch, seine Hilfe *in seiner
Heimat* bekannt zu machen.

Und ich durfte immer wieder erfahren, daß alle
Schwierigkeiten sich überwinden ließen, wenn ich den
guten Priester recht von Herzen gebeten hatte, mir zu
helfen. Ende dieses Jahres 1983 werde ich aus dem akti-
ven Berufsleben ausscheiden. Deshalb bin ich wieder
nach Flüeli-Ranft gekommen, um am Grab meines verehrten Wohltäters persönlich Dank zu sagen. Gleichzeitig möchte ich das Versprechen einlösen, die über Jahre
hinweg erfahrene Hilfe des Priesters Hans Amstalden selig bekannt zu machen.

Sr. Doris Heiss, Augsburg"

So gäbe es noch zahlreiche Beispiele von Hilfesuchen-
den, die bei ihm Erhörung gefunden haben.

Eine ganz treue Verehrerin des lieben „Spiri", wie sie
ihn nennt, befindet sich im Altersheim Gerbi in Einsiedeln. Seit sie das Buch „Freut euch mit mir" gelesen hat

156

— und das sind 10 Jahre her — ist sie ganz mit ihm verbunden. Damals lebte sie in Zürich. Der ,,Spiri'' sei immer mit ihr gekommen und immer da, sagt sie. Das Buch liegt unter dem Kopfkissen, wenn sie ruht. Es sieht ganz abgegriffen aus. Wenn die liebe alte Frau einen Kummer hat, leert sie ihr Herz vor dem ,,Spiri'' aus und wird wieder getröstet. In keinem Anliegen habe er sie im Stich gelassen, behauptet sie. Und sie ist ganz überzeugt davon, daß er im Sterben ihr beistehen werde, er, der so glücklich gestorben ist, daß er sagen konnte:

,,FREUT EUCH MIT MIR!''

* * *

Das Lieblingsgebet von Hans Amstalden:

Herr, eine Gnade möcht ich mir erstehn
als allergrößtes, allerschönstes Glück:
Lehr mich die Menschen kennen und verstehn.
Für ihre Leiden schärfe meinen Blick.
Laß mich erraten, laß mich tief empfinden
das Leid, das eine andere Seele trägt.
Und laß mich stets ein Wort des Trostes finden,
das lindernd sich auf jede Wunde legt.
O gib, daß ich für anderer Schuld und Fehle
nur Mitleid hab und gütiges Verzeihen.
Und hilf mir jede Regung meiner Seele
zu einer frommen Liebestat zu weihen.
Ja, laß mich deine Himmelströstung bringen
zu allen, die in Nacht und Elend sind.
Und laß mich jede Finsternis durchdringen,
mach an Erbarmen überreich mein Herz.
Und laß das eigne Sehnen und Verlangen
mich still vergessen über fremdem Schmerz."

* * *

Der heilige Bruder Klaus von Flüe

Der Jugend erzählt

Frau Lüthold-Minder wohnte bis zu ihrem Tod im Bruderklausenland und kannte daher die Eigenart dieses Volkes, das den großen Heiligen der Schweiz und den Patron Europas hervorgebracht hat. Sie war selbst mit dem Leben des Heiligen tief verbunden und konnte so, wie sonst kaum jemand, das Leben dieses einzigartigen Heiligen nacherzählen. — Auch zum Vorlesen geeignet.   98 Seiten, 20 Zeichnungen, DM 8.80

Dorothe und ihr Jüngster

Wo große Opfer und ein starker Glaube verlangt wird, da hat Gott gewiß etwas Großes vor. Der heilige Niklaus von flüe wäre wohl nicht der große Heilige geworden, wenn seine Frau dem Rufe Gottes ein ,,Nein'' entgegengestellt hätte. In dem lebendig geschriebenen Büchlein wird sichtbar, wie Dorothe, die Frau des Heiligen, ihr ,,Ja'', das sie ihrem Mann am Traualtar gab, auch Gott gegeben hat, als ihr Mann dem inneren Ruf Gottes folgte. Ihre Ehe wurde nicht zerbrochen, als er in die Einsamkeit ging, sondern gerade in Erfüllung des göttlichen Willens zur Vollendung geführt. Das 10. Kind des Heiligen wurde Priester — Dorothe Priestermutter. Hätte die heutige Welt mehr solcher Mütter, sie würde sich schnell zum Guten verändern. Das Büchlein gehört in jede Familie!   128 Seiten, DM 8.80

Der Segenspfarrer vom Allgäu

Pfarrer Alfons M. Weigl schreibt: ,,Ein Buch über das Wirken eines heiligmäßigen, geisterfüllten Priesters gerade in unseren Tagen ist ein großes Segensgeschenk. Es hat Strahlkraft wie wenig Bücher. Wie wünsche ich, daß recht viele das Leben und Wirken des großen »Segenspfarrers vom Allgäu«, Augustinus Hieber, kennenlernten! — 8. Auflage!   136 Seiten, DM 7.80

Echo vom Grab des Segenspfarrers

Viele Menschen spüren die Wirkkraft des ,,Segenspfarrers'' über das Grab hinaus. In diesem Heft sind Gebetserhörungen und seine Gebete enthalten.   48 Seiten, DM 2.50

MIRIAM - VERLAG · D-7893 JESTETTEN